© **Saida Sheikh Ahmed**
2007 Brussels Belgium.

Email: saidavip@yahoo.com

Xuquuqda buuggan waa la dhawray.
Lama daabacan karo, lamana guurin karo fasax la'aan.

D1546224

Hibeyn iyo Xus

Buuggan IS-DHIIB, waxaan u hibeeyey, Allaha u naxariistee, aabahay Sheekh Axmed Xaaji oo ahaa halyey diinta Islaamka u istaagey, kana mid ahaa mashaa'ikhda (Culumaa'udiinka) diinta Islaamka u adeegi jirey, noloshiisana u hibeeyey faafinteeda.

Sidoo kale, waxaan buuggan u hibeeyey xus iyo xusuusba uga dhigayaa, Allaha u naxariistee, dadkii ku geeriyoodey badaha iyo saxaraha lama-degaanka ah, iyagoo tahriibaya.

Mahadnaq

Mahad-celinta koowaad Ilaahayga weyn baa leh. Marka xiga, waxaan u mahad-celinayaa hooyadey Xaajiyo Xersiyo iyo walaalahay ilmo Sheekh Axmed. Sidoo kale, waxaan u mahadcelinayaa Isu-tagga Caalamiga ah ee Suxufiyiinta (International Federation of Journalists, IFJ) iyo Ururka Caalamiga ah ee Saxaafadda (International Press Association) Taageeradii ay buuggan iga siiyeen.

Mahad Gaar ah oo aan la koobi karin waxaan u hayaa saxafi/qoraa Cabdulqaadir M. Wacays oo buuggan ka saxay intii aan ka ilduufay waqti badanna galiyay.

Oraahda Qoraaga

Kaydiyahan, waxaan ka ahay xiriiriye isku xiraya sheekooyinka iyo qaabka ay ku socdaan, mana aha wax ku salaysan fikraddeyda ama aragtideyda qof ahaaneed. Waxaan isku deyi doonaa in uu qoraalkan noqdo mid la wada fahmo oo aan kaydiyahan ku qoro af Soomaali kii ugu dambeeyey ee uu qof kasta u fahmi karo si fudud. Markaan leeyahay „af Soomaaligii ugu dambeeyey," waxaan ula jeedaa; sideynu ognahay ummadda Soomaaliyeed maanta waxay ku yaaceen dacallada adduunka, af Soomaaligiina waxaa lagu soo biiriyey erayo badan, iyaduu kuwa ku dhaqan gudaha dalkana ay abuureen kalmado af Soomaali ah oo ay ka dheegteen xaaladda colaadeed ee dalka ka aloosan, kuwa dibadda ku noolina ay abuureen ereyo qurbeed laga dhaxlo socdaalka. Sababahaas dartood, ma oran karo waxaan isticmaalayaa af Soomaali adag ama culus oo ka tarjumaya hodantinimada afka hooyo, sida laga doonayo in uu wax u qoro qoraa kasta.

Haddii aan raad-raaco qorayaashii hore ee Soomaalida, buuggan wuxuusan u fududaan karayn qaar badan oo ah jiilasha soo koraya ee yeeshay af dhaqan-dagaaleed, ama kuwa uu ku yar yahay af Soomaaliga ee ku barbaaray qurbaha.

Buuggan ama keydiyahan oo ka koobnaan doona qaybo badan, waa mid aan ugu talagalay dadka weli doonaya in ay soo tahriibaan in aan ugu sharaxo xaqiiqada dhabta ah, khatarta ka soo horreysa iyo dhibaatadii ay la kulmeen walaalahoodii kasoo horreeyey ee ku baaba'ay badaha, saxaraha iyo xuduudaha dalal shisheeye, anigoo soo xigan doona markhaatiyaashii soo maray dhibaatadaa.

Buuggan wuxuu hormuud iyo markhaatiba u noqon doonaa in taariikhda la geliyo waxyaabihii ku dhacay dadkan Soomaaliyeed ee muhaajiriinta ahaa, si looga hortago soo noqoshada dhacdooyinkan mustaqbalka, laguna waano iyo tusaale qaato.

Buuggan waxaan ku koobay:

1. Taariikhda socdaalka oo kooban.
2. Marxaladda uu qofku ku jiro markuu naco dalkiisa oo uu go'aan ku gaaro in uu ka tago.
3. Waddada uu soo marayo iyo khatarta hor taal qofka socdaalaya, isagoon ogeyn waxa kaga soo horreeya dhulalka uu isaga kala dhex gooshayo iyo socdaalka ul-mugdi-ku-tuurka ama tawakalka ah.

Afeef

Buuggan, waa kii iigu horreeyey, waxaana hubaa in uu yeelan doono dhaliilo kala duwan. Sidaas darteed, waxaan idinka codsanayaa in aad ii soo gudbisaan talooyinkiina, si aan uga faa'iideysto turxaan-bixinta buugaagta kale ee aan soo wado.

IS-DHIIB

BUUGGA KOOWAAD

Dagaalladii sokeeye ee Soomaaliya waxaa laga dhaxlay oo ka abuurmay kalmado iyo oraahyo cusub oo nooc kastaba leh iyo cudurro badan oo aad u kala duwan, sida kuwii hadda ugu dambeeyey oo ay ka mid yihiin kuwa lagu kala magacaabo Shuban-biyood (Daacuun), Kaduudiye ama Al-caddaala, kuwasoo ay barbar socdaan cudurro kale oo aan ugu jirin dad badan liiska cudurrada, haddiise aad ku miisaanto maskax caafimaad qabta aad ka war heleyso in ay ka mid yihiin cudurrada waaweyn ee bulsho u geysta burbur jireed iyo mid maskaxeedba. Cudurradaas waxaan tusaale uga soo qaadan karnaa: cabsida, is-nacaybka, dagaallada, dilalka aan la aqoonnin sababta wax loo dilayo iyo waxa ay ku salaysan yihiin, dhacca, kufsi loo geysto gabar miskiin ah oo aan waxba galabsan, iyo xumaanta oo badata, xargahana goosata.

Ma yara cudurrada kusoo badanaya Soomaaliya, mana aha kuwo lasoo koobi karo, waxayna leeyihiin magacyo kala nooc nooc ah. Haddii aan mid ka mid ah soo qaato cudurrada Soomaaliya ka jira, kaasoo ka mid ah kuwa, aniga ahaan, aan ku daray liiska cudurrada halista ah, waxaa lagu magacaabaa Buufis, waana midka uu sida ballaaran buuggani uga hadli doono.

Buufis

Soomaalida waxaa weligeed lagu tilmaami jirey dad reer guuraa ah oo roob-raac ah ama u socda meel-ka-meel. Reer-guuraanimadii Soomaalida waxay maanta dhashay reer buufis, reer-buufisnimadiina waxay dhiirigelisey reer dhoofaa, reer socde, reer is-dhiibe, iyo reer qaxe.

Haddii aan sharraxaad kooban ka bixiyo, *Buufis* wuxuu soo maray heerar kala duwan, waxaana la sheegaa in uu ka dhashay cudurro is biirsaday oo kala ah: qabqable dagaal, xabbad masiibo ah oo la yiraahdo Wiifto (To whom it may concern), taasoo aan lahayn wax bar-tilmaameed ah, iyo masayr ah hebel mise heblaayo miyaad ka liidataa iyaguba waa dhoofeene.

Erayga Buufis in badan ma jiro, waxuu ka mid yahay erayada cusub ee dhowaan kusoo biiray afka Soomaaliga, lana bartay xilliyadii dagaallada sokeeye ay dalka uga da'ayeen sidii roobka, waana mid ka mid ah kalmado ay dhallinyaradu keeneen, kuwaasoo lagu kala macneeyo dhawr macno, balse hal meel isugu soo biyo shubta.

Dhallinyaro badan oo aan weydiiyey macnaha erayga Buufis, waxay iigu fasireen "qof u qafiifa in uu dhoofo darteed," waxayna isku reer yihiin ama uu aabbe u yahay: layn, bug, is-xambaar, mukhallas, tahriib, socdaal, iyo is-dhiib, kuwaasoo dhammaantoodba yimaada kaddib marka uu Buufisku haleelo qofka, markaasoo uu ku waasho: Layn yaa haya? Xaggee hebel iska dhiibey? Is-xambaar ii soo raadi...Aniga waxaan jeclaan lahaa in aan iska dhiibo meel hebel...Xaggee loo tahriibaa? Meeqaa uga baxday hebel in uu tago Yurub?

Qofka qaba cudurka Buufis waxaa ka tan badiya rabitaanka uu u qabo in uu helo jawaabaha su'aalahaas illaa heer uu kala garan waayo halka laga jiro iyo halka loo soo jiro, markaana uu u hoggaansamo cudurka Buufis oo noqda saaxiibkiisa ama saaxiibkeeda daacadda ah. Soomaalida ku nool dalalka la deriska ah Soomaaliya, ma ay laha saaxiib kale oo aan ka ahayn Buufis, isagaa u ah indho iyo bakoorad la cuskado illaa uu u hoggaamiyo hadba halkii uu doono.

Cudurkan Buufis wuxuu hormuud u noqday dhibaatooyin fara badan oo aan la soo koobi karin oo soo wajahay bulshada Soomaaliyeed. Dhallinyaro aan xisaab lahayn ayuu Buufisku ku aruuriyey sariir illaa heer ay ka go'aan raashinkii daruuriga ahaa. Waxaan garanayaa gabar dhallinyaro ah oo la yiraahdo Farxiya, taasoo u qafiiftay Ameerika (USA) illaa ay sariirta u kortay jacaylka Ameerika. Hore waan u maqli jirey gabar iyo wiil is jeclaaday oo isu dhintay ama mid uu u dhintay jacayl uu laabta ugu qaaday kan kale, laakiin weligeey ma sugeyn in loo xanuunsan karo ama cuntada looga go'i karo in aad jamato dal kale tegiddiisa. Tani waa tusaale ka mid ah wixii aan ka dhaxalnay cudurka Buufiska.

Mararka qaarkood, waxaan soo xusuustaa heestii uu erayadeeda sameeyey abwaan Yuusuf Yare oo ahayd: "Oogadeeda dunidiyo, Anfac waxaad cunaysiyo, arsaaq baad ku leedahay, Allaa kuu katibayoo, albaab ruux ma saaro, orod laguma keenee, iimaanku waa sadee, Ilaahey talada suro." Abwaanku wuxuu erayada heestaas kula hadlayey qof uu Buufis soo salaamay, isagoo ku lahaa "wax kasta waa qoraal ee bal Ilaahey ka war sug".

Buufis wuxuu beeray tahriib iyo is-dhiib, kuwaas oo iyaguna sii dhalay geeri iyo rafaad. Markaan arkay cudurkan in uu yahay wax aan la yaraysan karin, waxaan isku dayey in aan sii raadraaco waxa abuuray anigoo taas u maraya in aan la sheekaysto dadka uu sida xun u haleelay oo ay Farxiya ka mid tahay, bal si ay nooga siiso fikrad faahfaahsan oo la fahmi karo, waxaanan weydiiyey waxa keenay Buufiskan dhallintii Soomaaliyeed ka dhigay kuwo kasii cararaya dalkooda.

Dagaalladii Sokeeye

"Maalin ayuu dagaal qarxay. Waxaa faaftay colaad. Cabsidii ayaa badatay. Waxaa loo bareeray intii laga faani jirey. Xaaladdii guud iyo noloshii caadiga ahayd ayaa isu beddeshey xaalado kale. Waxaa isku dhex yaacay wanaaggii iyo xumaantii. Dhallintii waxay la kowsadeen waxyaabo aan maskaxda aadmiga ka go'i kareyn, ciil iyo wax laga xumaado.

"Waqtigeygii aan ugu tala galay in aan raaco raadkii jiilashii iga horreeyey ee aan wax baran lahaa, go'aan ka gaari lahaa mustaqbalkeyga, xulan lahaa kii aan dunida kula qaybsan lahaa nolosha qoys, ka fekeri lahaa noloshayda inta ka dhimman, u jeedin lahaa xilliga noloshayda iftiinka mustaqbalka, go'aamin lahaa jadwalka nolosheyda, waxaa dalkayga nasiib darane ka qarxay dagaallo aanan anigu garan karin sababta iyo ujeeddada runta ah ee ka dambaysa.

"Waxaan ahaa shaqsi ayaan daran oo dhashay waqti dagaal(dhammaadkii toddobaatameeyadii oo ku beegan dagaalkii Itoobiya iyo Soomaaliya), ismana lahayn mar kale ayaad la kowsan doontaa colaado kale. Dagaalka waxaan ka haystey fikrad waasac ah, hooyadeey ayaa in badan iiga sheekeysay dagaalladaas dhex maray Itoobiya iyo Soomaaliya. Ma jeclayn, mana fileyn in ay mar kale indhahaygu qaban doonaan dagaallo kale, weliba waqti aan jeclaa in aan nolol wanaagsan ku noolaado, oo aan lahaa rajooyin ka beddelan kuwa aan iminka leeyahay.

"Kaddib markii uu dagaal ka dhacay gobollada Waqooyi sannadkii 1988$_{kii}$, kaasoo ay ku qaadday dowladdii dalka ka jirtey, waxaa mar kale sannadkii 1991$_{kii}$ hal mar is qabsaday oo ku wada faafay dalka dagaallo looga soo horjeedey dowladdaas, kuwaasoo aakhirkii xargaha goostay, siina socdey, isuna beddeley dagaallo sokeeye. Sida aan horay u sheegay, ma macnayn kareyn ujeeddadooda, inkastoo ay dad badan iigu sheegeen dagaalladaas in la lagu ridayey madaxweynihii hore ee Soomaaliya Maxamed Siyaad Barre oo ay ku tilmaamayeen in uu ahaa madaxweyne keligii taliye ah, oo dad badan dhameeyey.

"Aniga ahaan, ma fahmi karin arrimahaas oo dhan, wixii jireyna ma ahayn wax aan u noqon karey markhaati ama ay da'deydu garan kartey, si fudud ayaana la iigu dhiibey oo la ii soo gaarsiiyey dacaayadihii markaas socdey. Hase yeeshee, waan sii raadraacay, waxaanan xusuustaa in aan u qaatay sidii ay ahaayeen dacaayadahaas, sacabkana u tumayay, anigoo aanan garan illaa iyo haatan wixii aan u sacabbo-tumayey sax iyo qalad midka uu ahaa, maadaama aanan illaa hadda arag wixii laga andacoonayey wax dhaama.

"Markii Dowladdaasi laga guuleystey, nidaamkii oo dhanna uu isu beddeley dagaallo sokeeye, waxaa dhacay dilal iyo xasuuqyo badan oo dhinac kasta leh, dhibaatadii dagaalladana waa ay sii badatay, faraha ayeyna kasii baxday. Waxay hadba meel martaba, xabbadi ehel ma lehe waxay disho wixii ay dili kartaba, wixii gabar miskiin ah la kufsadaba, wixii dhibaato isku yaacsan ay dhacdaba, waxaa naloo sheegay aniga iyo inta igu da'da ah ee aan markaas waxba ka fahmeyn riwaayaddii socotey in dowlad cusub lagu soo dhisay dalka dibeddiisa, laguna soo doortay madaxweyne cusub, waxaase xaqiiq ah in aan annagu (aniga iyo inta igu fac ah) ahayn kuwa jabka ku jiray, oo iskoolladoodii ka burbureen, waxbarashoodii baaba'day, kuna indho-furay dagaallo iyo colaado. Waxaan ahayn kuwii indhahooda ku arkay buugaagtii ay wax ka baran jireen ee iskoolladooda yiil oo lagu duubanayo hilibka iyo sonkorta. Waxaan ahayn kuwa dowladihii hore, kuwa cusub iyo kuwa dambe, kulligood ay ku xadgudbeen, ayna ka galeen dambi lama illaawaan ah. Waxaan ahayn kuwa la gardarraystay dhinac kastaba oo looga ciyaaray mustaqbalkoodii soo ifayey.

"Markii aan maalmo ku jirney dagaallo uu dhiig badan ku daatay ayaan yeelannay wax yar oo rajo ah, kaddib markii aan maqalnay in dowlad la dhisay, mar kale ayeyna nagu soo noqotay neef rajo iyo hawo caafimaad, laakiin dowladdii cusbaydna waxba nooma soo siyaadin, iyadii baa dhexdeeda kala jabtay, waxaa dhacday foolxumo weyn oo kaba sii darnaatay kuwii hore, waxaa dhacay dagaal aan weligey qalbigeyga ka go'ayn, waa kan loogu yeero *Afar Biloodle* oo ay isaga hor yimaadeen qabiillo Muqdisho wada deggan.

"Ma aqaan, mana fahmi karo, iimana muuqan ujeeddo rasmi ah oo aan ku macnayn karo sababta keentay dagaalladaas oo runtii ahaa kuwo aan wanaagsaneyn marnaba, maxaa yeelay looma heli karo wax marmarsiinyo ah, waxayna sababeen xasuuqyo badan iyo dhibaatooyin keenay baahi (gaajo) ay ku baaba'een masaakiin faro badan oo aan waxba galabsan. Dagaalladaas waa kuwii Soomaaliya u bixiyey magacyada xun, sida Waddankii Baahida, Hoygii Geerida iyo Gaajada.

"Waxaan usoo joogey iyadoo dadku ay waayeen wax ay cunaan oo qobka muuska haddaad tuurto ay jireen dad intey dafaan hore ka cunayey intuusan dhulkaba gaarin, nafaqo-darraduna waxay gaartey heerkii ugu xumaa.

Waqtigaas waxaa jirtey masiibo aan la faaqidi karin, lagana faallayn karin. Ma ahi anigu qareen, ugumana kala garqaadayo halkaan dadkii dagaallamayey, kuwii saxsanaa iyo kuwii qaldanaa intaba, waxaanse doonayaa in aan muujiyo saamaynta ay nagu yeesheen annaga haddaan nahay dhallinyaradii waddanka, iyo dagaalladaas foolxumadii ay reebeen, kamana lihi dan gaar ah sheeg-sheeggooda, xaqiiqo ahaanse aad bay iila qaldanaayeen dhammaan inta ka qayb qaadatay dhiig iyo dagaal.

"Buugga la yiraahdo Saaxiibbo Kasbo ee uu qoray qoraaga nolosha ka hadla, Dale Carnegie, uuna tarjumey Sheekh C/raxmaan Xuseen (Abuu-Xamsa), waxaan ka akhristay qeyb yar oo oranaysa in ninkii la oran jirey Budha (Aasaasihii diinta Budiga) uu yiri 'Nacayb laguma dhammayn karo nacayb ee waxaa lagu dhammayn karaa jacayl, muran laguma dhammayn karo muran ee waxaa lagu dhammayn karaa is-maqal', anigana aan raaciyo 'Dagaal laguma xallin karo dagaal ee waxaa lagu xallin karaa nabad iyo wada-hadal'.

"Dagaalkii Afarta Bilood, markii la isku baaba'ay kaddib, waxaa waqtigaas dhacayey dagaallo kale oo maalmo socdey, kuwaasoo aan joogto ahayn, ahaana ku-dhufoo ka-dhaqaaq, waxaana xigey dagaalkii UNISOM oo ahaa midkii u bixiyey Soomaaliya magacyada faraha badan. Dagaalkaas wuxuu dhex maray cutubyo ka tirsan ciidamada Maraykanka iyo mid ka mid ah jabhadahii ka jirey Muqdisho, kaddibna waxaa nolosha ka mid noqday xabbaddii, dagaalkii, dhaccii, is-dilkii, weerarkii, iyo kufsigii. Magaaladiiba waxay noqotay magaalo wada hubaysan, dhallinyaradii markii ay waayeen wax kale oo ay ku mashquulaan ayey badankood qoryo saarsadeen, una qaybsameen qabiil qabiil, waana taas tan keentay in ay bulshadii u kala firdhato jihooyinkii ay is lahaayeen waad kaga badbaadeysaan dhibaatooyinkii dhacayey.

"Dhegahayaga waxaan u furnay meeshii aan tegi lahayn...Indhaheenna waxaan u jeedinnay halkii uu laynku naga jirey...Qalbigeennu wuxuu ku dhex noolaaday dalal shisheeye oo aan ku riyoonno har iyo habeen...Niyaddeenna waxaan u daloolinnay saaxiibkeenna daacadda ah ee Buufis"

Markii aan dhegeystey qisadii Farxiyo ayaan la xiriirey nin takhtar ah, bal in uu xag caafimaad ahaaneed wax uun iiga sharxo cudurkan Buufis. Maadaama uusan fahmeyn, waxaan ugu qeexay "shacab dhan oo dalkooda ka cararaya," si uu si cilmiyeysan iigu faahfaahiyo cudurkan. Takhtarkan oo aan ugu tegey xaruntiisa oo ku taal magaalada Brussels ee dalka Belgium, waxaan ugu horraynba su'aal ka weydiiyey waxyaabaha loo yaqaan Nidaam la'aanta (Anarchy) markii ay dal ku daahaan ama ay dagaallada sokeeye ku bataan sida ay noqoto dabeecadda ummaddaasi, ama uu ku dambeeyo aayatiinkooda, wuxuuna iigu jawaabey erayo kooban oo ahaa:

"Waddan markii ay ku daahdo maamul-darro, dagaal, is-nacayb, qabyaalad, iyo macluul badan, waxaa ka dhasha cudurro badan oo aan la koobi karin. Dhinaca dabeecadaha cudurrada ku dhaca waxaa ka mid ah: in ummaddii ay u ekaato mid aan is maamuli karin, islamarkaana kala garan karin wanaagga iyo xumaanta, waxayna la timaaddaa dabeecado ay iyaduna iskula yaabto, adduunkuna uu kula yaabo. Sidoo kale, waxaa suurtagal ah in ay xittaa xaaladdaas soo gaarto dadka u dhashay dalkaasi kuwooda ku nool dibedaha, iyagoo ay u soo gudbinayaan qaraabadooda ama saaxiibadooda ku sugan dalka ay ka dhacday dhibaatada, waxayna si fudud isugu qabadsiiyaan dabeecadaha dagaal meel kasta oo ay joogaanba. Qaab is-gaarsiineed ayey isugu soo gudbin karaan, taasoo keenta in ummaddaasi meel kasta oo ay joogto ay ku jirto hal saf oo dheer oo ah in ay yeeshaan hal dabeecad oo isku mid ah, hal caqli, iyo hal aragti."

Qax

Reer-guuraanimada iyo socodka waxaa la sheegaa in ay ka mid yihiin nolosha Soomaalida, iyadoo dadka arrimahaas ku xeeldheer ay ku tilmaameen in ay weligood Soomaalidu ahaayeen dad guuraa ah oo hadba meel u roob raaca, degaan-ka-deegaanna u socdaala, iyagoo raadinaya naq iyo biyo, iyo deegaan aan abaar lahayn. Guurguuristaasi waxay ahayd mid ku kooban dalka gudihiisa, waxaana aad u yaraa dadka u socdaala meel ka baxsan geyiga Soomaalidu degto. Socdaalka la yiraahdo *Qaxa* oo la macno ah (dad ka barakacay dhibaato dagaal,) wuxuu billowday xilligii uu Sayid Maxamed Cabdulle Xasan la dagaallamayey gumeysigii, markaasoo dad aad u tira yar u carareen dalalka Itoobiya iyo Yamen (Cadan), waxaana kusoo xigey dagaalladii Itoobiya iyo Soomaaliya dhex maray oo ay qaxeen Soomaali badan oo ku dhaqnayd dhulka Soomaali Galbeed.

Sidoo kale, waxaa xigey dad aan tiro yarayn oo ka qaxay dagaalladii dhex maray dowladdii Maxamed Siyaad Barre iyo jabhaddii SNM, kaddib markii diyaarado lagu rusheeyey gobollada W/Galbeed, haddana loo yaqaano Somaliland, halkaas oo ay ka barakaceen dadyow fara badan oo u kala hayaamay jihooyinka kala duwan adduunka, haba u badnaadeen dad usoo cararay caasimadda Soomaaliya ee Muqdisho iyo xeryaha qaxootiga Itoobiya, gaar ahaan Harta Sheekha.

Hase yeeshee, qaxii iyo barakicii sanadkii 1991_{kii} wuxuu saameeyey guud ahaan dalka Soomaaliya, waxayna ahayd billowgii dagaalladii 1991_{kii} markii ay isu beddeleen tahriib, taasoo micnaheedu yahay in ummad dhan oo guureysa ay si sharcidarro ah ku galaan dal kale, iyagoo adeegsanaya habab kala duwan oo aan sharciyeysnayn.

Tahriib

Socdaalka loo yaqaan tahriibta wuxuu markii ugu horreysey ku billowday dad ka cararaya dagaalladii 1991_{kii}, kuwaasoo doonyo nooca kalluumaysiga ama ka waaweyn uga soo baxay dalka. Bishii febraayo sannadkii 1991_{kii} oo markii ugu horreysey doon ka shiraacatay dekedda Kismaayo ay qaadday dad gaarayey illaa saddex boqol (300) oo ruux, kuwaasoo isugu jirey rag, haween, iyo caruur intaba. Nasiib-xumo, waxay doontaas ku qarraqantay badda dhexdeeda ka hor intii aysan gaarin halkii ay u socdeen oo ahayd magaalada Mombasa ee dalka Kenya.

Sidoo kale, isla sanadkaa, doonyo yar yar ayey ku dhammaadeen dad badan oo qaarkood ay halkaa ku nafwaayeen. Doonyihii xilligaa lagu baxayey aad bay u yaraayeen kuwii badbaadey, waxaana inta badan la harayey mowjadihii xoogga weynaa ee Badweynta Hindiya, kuwaasoo iyagoo aan cidna u nixin usoo duma sida buuraha.

Markii ay in badan soo jiitameysey khatartaa dani-ku-baddayda ahayd, waxay muddo kaddib cashar u noqotay dadkii halkaa kaga tahriibi jirey doonyaha, waxaana yaraaday dadka u bareeri karey khatarta noocaas ah, iyadoo intii badnayd ee ammaan-darrada ka carareyseyna ay hayinkoodii ku furteen, iskana degeen magaalada Kismaayo iyo agagaaraheeda. Hase yeeshee, intii naftooda ku biimaysay halistaas oo misana rafaad iyo hafasho badan kaddib gaarey dalka Kenya, waa su'aale maxay kala kulmeen dalkii ay tageen?

Xeryaha Qaxootiga Kenya

Markii tiro lagu qiyaasay nus milyan Soomaali ah ay kusoo jabeen dalka Kenya oo isaguba dhaqaale ahaan iska ah dal aan aad isu kaabi karayn, kana bixi karin qaxooti kusoo jaba ayaa waxay haddana isku dayeen in ay qaabilaan qaxootiga Soomaaliyeed iyagoo gacan weyn ka helaayay guud ahaan hay'adaha Calaamiga ah ee Samafalka gaar ahaan Hay'adda Qaramada Midoobey u qaabilsan Qaxootiga (UNHCR), iyagoo ku guray xeryo qaxooti oo kala ahaa: Utange, IFO, Kaakuma, Dhadhaab, Xagardheer, iyo Dhagaxleey.

Xerada Utange oo la furay sanadkii 1991kii, waxaa soo gaarey qaxooti tiradooda lagu qiyaasay 1500, waxaana isla waqtigaa mar ku dhow kusoo biiray qaxooti kale oo ka kala yimid xeryo kale, iyadoo markii ay xeradii qaadi kari weydeyna dib loo ballaariyey. Hay'adda Qaramada Midoobey u qaabilsan qaxootiga (UNHCR) ayaa gacan ka geysatey ballaarinta xeradaas, si ay u deeqdo qaxootigii tirada badnaa.

Haddaan soo koobo warbixin yar oo ku saabsan xerada Utange; waxaa cariiri ahaa biyaha, musqulaha ma ahayn kuwo ay dadka ku nool xeradaas ammaanayeen, waxayna xeradaas ku caan baxday buuq iyo rabsho joogta ah oo ka dhalan jirtey Soomaalida dhexdeeda iyo is-eedayn aan dhammaan. Marka laga eego dhinaca reer Kenya, waxay u arkaayeen qaxootigaas in ay wax u dhimayeen bilicda magaaladii ay xeradaasi ku tiil illaa ay dhacday in xeradii dab la qabadsiiyo, waxaana habeen kasta xeradaas usoo dhici jirey tuugo ama burcad.

Qaxootiga xeradaas ku jirey waxay deris la ahaayeen cabsi fara badan, mana aysan haysan meel kale oo ay uga sii gudbaan, waana ay ku qasbanaayeen in ay la qabsadaan ammaan-darradaas, inkastoo ay is-weydiintu ahayd ammaan-darro miyaa dhaanta ammaan-darro? Soomaaliya iyo Kenya maxay isku dhaameen xagga amniga?

Laakiin, ma sahlaneyn qaxootigaas in ay kusoo noqdaan dalkoodii, sababtoo ah waxaa mar kale kasoo horreeyey socod aan sahlaneyn, una baahnaa qarash kale, hase yeeshee waxay markii dambe ka heleen dib-u-dejin dalalka New Zealand iyo Australia illaa la xiray Utange oo albaabada la isugu dhuftay horraantii sanadkii 1995$_{kii}$.

Xerada qaxootiga Dhadhaab ayaa iyana mar la geeyey qaxooti badan, iyadoo warbixintii aan ka helay ay ahayd in ay tahay meel ay nabadgelyadu aad u liidato, islamarkaana ay Soomaalidu isu disho qabiil qabiil, waxaana la ii sheegay in hay'adaha gacanta ku haya ay habeenkii uga jiif doontaan oo u hoydaan magaalada Dhadhaab, iyagoo subaxii uun usoo gurmada wixii habeennimadii la dilo, ama la kufsado.

Tacadiyada ka dhaca xeradaas ayaa ahaa kuwo badan oo aan marna dhammaan. Biyaha oo ka mid ah waxyaabaha daruuriga u ah nolosha bini'aadamka ayaa ahaa kuwo ay adag tahay heliddooda, ceelasha la bambeeyo ayaana laga dhaansanayey, qaxootiguna waxay isticmaalka ceelashaas xaq u lahaayeen inta u dhaxaysa 08:00 aroornimo ilaa 12:00 duhurnimo, saacadahaas wixii ka danbeeyana waa laga xiri jirey.

Mar aan waydiiyey dadkii xeradaa ku jirey sababta ay u sii joogaan, maadaama aysan amni ahaan dhaamin dalka Soomaaliya, waxay iigu warrameen in ay haysato daruuf aysan ugu laaban karin dalkooda, haba u waynaato in haweenkoodii ama gabdhahoodii la kufsaday oo aysan ceeb darteed la laaban karin.

Xerada Xagardheer iyo kuwo kale oo badan waxa la iigu warramay in ay ahaayeen xeryo yar yar oo aysan qaxootiga Soomaaliyeed ku qanacsanayn, sida xerada IFO oo ku taal gobolka W/Bari Kenya, halkaasoo ay ku noolaayeen qawmiyado kala duwan, waxaa la iigu sheegay silic badan oo ka jirey illaa iyo sanadkii 2005$_{ta}$, markaasoo ay ka billowdeen dib-u-dejin dalka Maraykanka ah, laakiin xilliyadii ka horreeyey ayan qaxootigu sidaas u sii jeclayn.

Xerada qaxootiga Banadiri kama fogeyn xerada Utange, sida magaceeda ku cadna waxaa loogu talagalay dadka Banaadiga ah. Xeradaas markeedii hore waxaa ku jirey qayaastii 1,900 qoys, waxaase markii dambe kusoo yaacay qaxooti kale oo ka yimid Utange iyo xeryo kaleba.

Xerada Banaadiri waxyaabihii ka dhacay ee xasuusta leh waxaa ka mid ahaa mar uu dagaal dhex maray dad isugu jirey Soomaali iyo Kenyaan, kaasoo sababay in dab la qabadsiiyo xeradii qayb ka mid ah. Inkastoo ay caadi u ahayd xeryaha qaxootiga Kenya in dab la qabadsiiyo, misana dabkii qabsaday Banaadiri waxaa guryahoodii ku waayey dhawr boqol oo qoys, waloowse ay ka kabsadeen oo ay markiiba dib u dhisteen guryahoodii. Sanadkii 1995kii waxaa halkaa ka billowday dib-u-dejin Maraykanka ah, taasoo dad badan oo reer Banaadiri ah u suurtagalisey in ay usoo baqoolaan dalka Maraykanka.

Sidoo kale, waxa jirey xerooyin kale oo kala ahaa: Xerada qaxootiga Jomvuku, taasoo ay ku jireen beesha la yiraahdo Ujeejeen, iyo xerada Barawa oo iyana ay ku xaraysnaayeen beesha reer Baraawe, kuwaasoo ay iyaguna ka billowdeen dib-u-dejin dalka Maraykanka ah sanadku markuu ahaa 1997$_{kii}$.

Kakuma iyana waa xero maqal dheer oo magaceeda aad loo yaqaan, ahaydna xero aad u weyn oo ay ku jireen qawmiyado kala duwan oo ka kala yimid dalal badan oo Afrikaan ah, sida Soomaaliya, qawmiyaddaha Itoobiyaaanka ah ee kala ah Oromada, Amxaarada iyo dad ka kala yimid dalalka Zaire, Uganda, Burundi iyo Ruwanda. Xeradaas waxay ahayd mid ay dadku mar kasta maskaxdooda ka guuxaysey xigmadda Soomaaliyeed ee aan duugoobin (**Dal aan dalkaaga ahayn waa dareen-ku-joog**).

Waxyaabaha in la soo qaado mudan waxaa ka mid ah qaabka ay u eg yihiin xeryaha qaxootiga Kenya. Haddii aan wax yar sharxo; waxay ka samaysnaayeen (ka samaysan yihiin) teendhooyin, buushash, iyo baco. Waxaa kaloo ka jirey, illaa iyo haddana ka jira xilli roobeedka cudurro badan oo soo noqnoqda. Xaaladda amniga waa mid aan wanagsanayn, inkastoo tan iyo sanadkii 2005ta ay soo dhaameysey xilliyadii hore, kaddib markii uu adduunweynuhu ka qayliyey tacadiyadii ka dhacayey.

Qaxootiga xeryaha qaar ku jira 15$_{kii}$ cishaba hal mar ayaa la siiyaa raashin ay ku noolaadaan, iyadoo ay weli noloshoodu tahay mid kala dhimman, halka qaxootiga qaarkood lagu wargaliyey in albaabada loo laabayo xeryaha qaarkood, sida: xerada Dhagaxleey oo ay dad badan gaajo ugu dhinteen, kaddib markii ay UNHCR-tu ka goosatay caawimaaddii ay siin jirtey, islamarkaana qaxootigii lagu wargaliyey in la xiri doono sanadka 2006$_{da}$, kuwa kalena la xiri doono sanadaha foodda innagu soo haya.

Qaxootigii Soomaliyeed ee tahriibta ama qaxootinimada ku yimid dalka Kenya waxay iminka u kala baxeen dhawr qaybood oo kala ah: kuwo helay dib-u-dejin dalka Maraykanka ah, iyo kuwo isaga noqday dalkoodii hooyo. Waxaa kaloo jira kuwo weli ku dhibaataysan xeryaha qaarkood, iyagoo ku nool welwel ah „goorma ayaa la idinka saari doonaa", halka ay kuwo kalena Kenya isaga nool yihiin intey ka baxeen xeryihii ay ku jireen, maalin kastana wadnaha farta ku haya sharci la'aan awgeed, iyagoo markii la qabto ama la xirana iska bixiya lacag laaluush ah oo ay ku iibsanayaan xariggooda.

Askarta Kenya waxay Soomaalida ugu yeeraan kalmadda *Waryaa*, taasoo ay ku gartaan qofka Soomaaliga ah, waana kalmad Soomaalida qudhoodu ugu badnaan isticmaalaan ama ku dhawaaqaan markii ay askartaasu ogaadaan in uu qofku Soomaali yahay, la xiro, lana dhigo xabsiga ilaa uu bixiyo lacag lagu soo daayo. Ama inta ay askartaasu soo qabqabtaan koox Soomaali ah ay silsilad ku wada xiraan ay jidka wareejiyaan, si ay u helaan bal dad qof ka garta kooxdaas, si looga bixiyo lacagta ay ka doonayaan ee baadda ah, ilaa la helo dad lacagtaas bixiyana maalintaas oo dhan la wareejiyo dadkaa sida xoolo oo kale.

Waxaa kaloo ku haray dalkaasi kuwo ganacsi yar yar ka furtay xaafadda Islii ee magaalada Nayroobi oo ah meesha ay Soomaalidu haatan ugu badan tahay xagga ganacsiga iyo deegaankaba, hase yeeshee ganacsigoodu waa mid ku xiran dagaal ay maalin kasta kula jiraan askar ama dad kale. Mararka qaarkood waxaaba dhacda in ganacsigooda iyo dukaamadoodaba dab la qabadsiiyo amaba la gubo suuq-weynaha oo dhan.

Tahriibta Xeebaha Bari

Soomaalidu waa dad si fudud warka isu gaarsiiya. Markii uu istaagey tahriibkii Kenya ee laga gelayey dhinaca xeebaha Kismaayo, misna xaalkii Kenya uu ku dambeeyey sidii aan horay u soo sheegay, lagana dayriyey Kenya iyo xaaladda Qaxootiga, waxaa furantay waddo kale oo iyana khatarteeda leh, taasoo ah in mar kale laga socdaalo deegaanno ka mid ah gobolka Bari (Puntland), haba ugu badnaadeene magaalada Boosaaso iyo agagaarkeeda oo iyadu xuduud dhinaca badda ah la leh Gacanka Cadmeed ee ku xiran xeebaha Yamen.

Tahriibka noocan ah wuxuu furmay kaddib markii markab weyn oo Soomaliya ka baxay uu afka saaray Gacanka Cadmeed mar waqti fog laga joogo, kaasoo ay saarnaayeen dad Soomaaliyeed oo fara badan. Markabkaas, siddeed maalmood oo rafaad iyo cariiri badan ah kaddib, wuxuu ku furtay meel u dhow Cadan, waxaana muddo kaddib la geeyey xero qaxooti.

Qof walbaa wuxuu xasuustaa oo qalbigiisa markiiba kusoo dhaca markabkii Goobweyn ee ay saarnaayeen 2000 oo qof oo Soomaali ah, kuwaasoo loo diiday in ay ku furtaan xeebaha dalka Yeman, kaddib markii dowladda Yeman lagu wargaliyey in uu markabkaasi soo qaaday dad hubaysan oo burcad ah iyo in uu wado hub culus. Dowladdii Yamaneed waxay markabkaas u diiddey in uu ku furto dalkeeda.

Dadkii saarnaa markabka oo rafaadsan, muddana ku il-darnaa biyaha badda dhexdooda waxay qaarkood xamili waayeen dhibaatadaas ay dantu dhaafin weydey, waxayna isku tuureen badda iyagoo miciin bidayey biyaha badda, halka qaar kalena ay macluul ba'ani ku habsatay. Dadkani waxay jidkan tahriibka

15

xeebaha Bari ilaa Yeman u arkaayeen waddo cusub oo fudud iyo fursad ka-faa'iideysi mudan, hase yeeshee waxay aakhirkii dhadhamiyeen xaraarugga iyo khatarta nolosha.

Dhawr qodob ayaa sahlayey in ay dadku soo raacaan jidkan cusub ee tahriibka:

4. In qof kasta oo Soomaali ah uu ogyahay in ay jirto xuddduud ay leeyihiin labada dal ee Soomaaliya iyo Yamen, uuna gobolka Bari noqday *Jumlaa Jid Furata*, cid kastana ogtahay in ay dalka Yamen ka geli karto.

2. In ay dadkii arkeen qiimo jaban oo lagu gaari karo halkaas, qiimahaas oo lagu qiyaaso 50 ilaa 200 Doollar tan iyo markii la billaabay waddadaas illaa iyo haatan. Dadku iyagoo aan garanayn macnaha waxa ka horreeya, marka laga reebo oo keliya in ay ogyihiin in qaar ka mid ah saaxiibadood ay halkaasi ka galeen Yeman, waxay si sahlan isu weydiinayeen, iskuna qancinayeen in 50 illaa 200 Doollar aysan wax lacag ah ahayn oo lasoo heli karo, deynba ha lagu qaatee. Socotada qaarkood ayaa jidkaas mariddiisa u soo iibiya guryahooda, iyagoo hal-ku-dheggoodu yahay „Waan is biimaynayaa!!"

Jidkaas haddii aad ku tahriibeyso, waxaa inta badan dhacda in aad lacagtaada dhiibto oo lagu yiraahdo "waa lagu qaadayaa oo lagu dhoofinaa, waxaana lagu saarayaa doon iminkaba taagan", iyadoo doon been ah korka lagaa tusayo, kaddibna lacagtaadii la dhacayo, laguuguna hanjabayo in lagu dilayo haddii aad ka daba hadasho, ama lagu xabbadaynayo sida mar walba ka dhacda goobaha laga raro doomaha tahriibka. Haddii lagu dhaco, ma jirto cid aad u dacwoon karto, maxaa yeelay mar haddaad tahay qof ku socda wax aan sharciga waafaqsanayn waxaad tahay gar iyo gardarro kii gardarnaa, taasoo ku tusaysa xittaa haddii lacagtaada la dhaco in aadan u dacwoon kareyn Maamulka Puntland, waxaana dhici karta in laguu raacdo dambi ah in aad adiguba ku socotey sharci-darro, dabadeedna halkaas aad xarig ku mutaysato.

Waxaa taas kasii daran in tahriibayaasha laga kireeyo doon aan si wanaagsan u hagaagsaneyn oo aan meel gaari kareyn amaba aan waajihi karin mowjadaha waaweyn ee badda, taasoo markeedii horeba loogu talagalay oo keliya in lagu sameeyo ganacsigaas, iyadoo aan loo aabbo yeeleyn dadka dhimashadooda. Doontaas markii ay ku jirto badda maalin ama hal gelin bay ku qarraqantaa bartamaha badda, iyadoo halkaasna ay ku aafoobaan dadkii ay siddey oo ay inta badan ku jiraan caruur Soomaaliyeed oo waalidkood oo arkaya ku dhinta doonta dhexdeeda, kaddibna lagu tuuro biyaha badda. Ma calool-xumo ka weyn baa jirta cunug aad dhashay oo beerkaaga ah in adigoo jecel oo arkaaya aad ku tuurto badda, maadaama aan meydka dadka lagu hayn karin doonta dhexdeeda?.

Ma jiro tiro koob sax ah oo laga hayo dadkii ku dhintey ama ku waxyeeloobey tahriibka doomahaas, waxaase laga war hayaa in ay yihiin tiro aad u badan oo maalinba maalinta ka dambaysa sii kordheysa.

Doon ay ku dhinteen 90 qof oo ku socdey Yemen, iyo mid kale oo kusii socota.

Xeryaha Qaxootiga Yemen

Markabkii Goobweyn ee aan kor kusoo xusay, muddo kaddib markii dowladda Yemen ay ka war heshay xaqiiqda dadka saaran iyo in ay yihiin dad Soomaliyeed oo qaxooti ah oo ehel u ah macluul, dhabna ayan ahayn in uu markabkaasi wado hub iyo dad burcad ah, waxay ogolaadeen in uu ku furto dalkeeda, waxaana dadkii saarnaa loo daad-gureeyey xeryo qaxooti.

Qaxootigii ugu badnaa ee Soomaaliyeed waxay dalka Yamen soo galayeen sanadihii 1991_{kii} illaa 1995_{kii}, waxaana lagu gurayey xeryo qaxooti. Markii ay dadkii ku sugnaa gudaha Soomaaliya maqleen in dadkii xeryo la gelinayey bay oodda usoo goosteen Yemen, waxaa la iskugu geeyey xero qaxooti oo u dhoweyd, una jirtey 18 km magaalada Cadan. Xeradaas waa xero caan-baxday oo ay yaqaanniin dhammaan intii soo martay ama inta ay asaxaabtooda soo martay ay uga sheekeeyeen, waana xerada lagu magacaabo Madiinatul-Shacab oo ay maamulkeeda gacanta ku hayeen hay'ado ku shaqo leh arrimaha qaxootiga, hoggaankase ay u haysey hay'adda Qaramida u qaabilsan qaxootiga ee loo yaqaan UNHCR.

Caddadka qaxootiga waa uu sii kordhayey marba marka ka dambaysa, waxayna kasoo degi jireen Cadan, Mukalla, iyo Mokka. Qaxootigaas waxay mar kasta hoos-tageyeen gacan shisheeye. Hay'adahaas ayey ka sugayeen wax kasta oo daruuri u ah noloshooda, kuwaasoo inta badana ay dhib ku ahayd helitaanka baahidooda, illeyn gacan aan taada ahayn kuma dharjisee, inkastoo dad badan dhibaatadaas qaxootinimo iyo xeryahaa ay u arkayeen fursad iyo in ay heleen cunto aysan usoo dhididin.

Qofka marka ugu horreysa ee uu xeradaa iska dhiibo waxaa la siin jirey Buste (Kubeerto) oo ahaa shayga ugu horreeya ee markaad aragto aad hore ka xasuusan karto qaxootinimo, Teendho, firaash, iyo maacuunta lagu cunteeyo waxna lagu karsado, maalmo kadibna waxaa la siin jirey kaar (Card) uu qofku ku qaato bil kasto raashinka. Laba sano kabacdi, kolkii uu batey kororka qaxootiga, oo la isku wada sheegay, dadkii ku jirey xeradaasna ay dadkoodii iyo asaxaabtoodii kusoo wargeliyeen is-gaarsiinta loo yaqaano Foneeyaha, xilligaas oo uusan dalka ka jirin telefoon, waxaa lagu soo wada jabay xeradii illaa ay buux dhaaftay Madiinatul-Shacab oo ay qaadi weydey qaxootigii kusoo qulqulayey, waxaana dabadeed dadkii loo raray xerada Al-Kowd oo dhawr km u jirtey Madiinatul-Shacab.

Qaxootigii loo soo wareejiyey xeradii Al-kowd, waxay soo guurriddoodii u noqotay kud ka-guur. Sanad kaddib, waxaa xeradii qaxootigii agteeda ka qarxay dagaalkii labada Yeman (Yemanta Waqooyi iyo tan Koonfureed), kaasoo waxyeello badan gaarsiiyey nolosha qaxootigii markii hore kasoo cararay dagaaladii Soomaaliya, kuwaasoo ku qasbanaaday in ay mar kale sii qaxaan (laba qax), waxaana la ii sheegay in ay xeradii noqotay bar-tilmaameed dagaal, laguna kala cararay, iyadoo ay xeradaas ku naf waayeen dad badan oo qaxooti Soomaliyeed ah oo shaabadda ama baasaboorka ay wateen uu ahaa Soomali qaxooti ah, ama is-dhiibe tahriibe ah. Waxaan illaa iyo iminka la aqoon magacyada dadkii baaba'ay qaarkood iyo meel loo raadsho, welina ehelkoodii lama gaarsiin warkooda.

Sidoo kale, masiibadaas waxaa ku dhaawacmay qaxooti badan, halka kuwo kalena ay kaga baaba'een degaannadoodii, iyadoo kuwii badbaadeyna ay halkii ka raadsadeen nolol kale iyo goobo nabad ah. Qaxootigaa intii badnayd waxay afka saareen degmada Al-kowd, kuwii kalena Sanjibar, Jacaar iyo Abyan. Qaxootigii kala firdhadka ahaa waxaa la iskugu geeyey mar kale xerada la wada yaqaan ee Al-Jaxiim oo 140km u jirta Cadan.

Xeradan Al-Jaxiim magaceeda markaad maqashaba waxaa kuu soo baxaya diidmo (Negative), waadna dareemeysaa in ay tahay meel nolol adag, iyadoo sideedaba dalka Yeman oo dhan dadkii aan kala sheekeystay ay iigu warrameen in ay tahay meel nolol adag oo ay dadku ka caado yeesheen in ay ku maahmaahaan (Yeman aragtayaa, yaab Aragtayaa...Sanca aragtayaa, silic aragtayaa...Cadan aragtayaa, cadaab aragtayaa). Xigmaddani waxay dad badan oo aan Yeman aqoon u lahayn u suurtagalisey in ay ka war hayaan xeradii rafaadka ee Al-Jaxiim oo ka koobanyd 9 hool oo waaweyn, halkaasoo is-dhiibayaal badani isku dulsaarnaayeen si ka baxsan tiradii loogu talagalay. Hool waliba waxaa ku noolaa tiro dhan ugu badnaan 130 qoys. Waxaa jirey qaxooti kale oo ka koobnaa 800 illaa 900 oo hoolalku intey ka buuxsameen looga dhisay teendhooyin meel xerada u dhow, waxayna indhahaygu qaban kareen teendhooyinkaas oo ay kusii tolan yihiin marooyin duug ah iyo baco.

Biyaha xerada Al-Jaxiim waxay ahaayeen ciriiri, waxayna is-dhiibayaashu caagag dhawr litir-qaad ah kaga soo dhaansanayeen biyaha booyado halkaa waraabinayey. Musqulaha (Suuliyada) waxay ahaayeen kuwo laga sheegto oo nadaafaddoodu ay aad u liidatey, hool kastana hortiisa waxaa ku yiil 8 musqul oo ka samaysnaa baco, waxayna ka wada dhexeeyeen rag iyo dumarba. Raashinka waxaa loo qaadanayey sidan: seddex iyo toban kiilo iyo bar Bur ah, nus kiilo Digir ah, rubac iyo wax la jira oo Sonkor ah, liitar iyo wax yar oo Saliid ah, iyo afar liitar oo Gaas ah. Waa su'aale, bal isku celceli xisaabtaas, isna weydii noloshaas ama mid la mid ah, iyo tii aad dalkaaga ku haysatey, middee kuu roon?. Tani waa nolol wax kasta oo dhan laguu kiilo-kiileeyey, kuuna muujinaysa in aad tahay qaxooti is-dhiibey oo miskiin ah. Sidoo kale, sanadkiiba hal mar waxaa la qaybinayey alaab kale, sida: Buste, Firaash ama Joodari , iyadoo halkii Joodari loogu talagalayey laba qof, halkii Bustane saddex qof oo weliba aanad marna xor u ahayn isticmaalkiisa.

Ninkii dalkiisa ka roorow
Kaan Rabbi talo saaranoow
Kaan dalkiisa u rafaadinoow
Cadowga ka reebanoow

Qab-qablaha ka raacdeeysanoow
Silic iyo rafaad
Rabtaa Jaxiimo in ay sugayso
Runtii weeye dhabtii
Rabboow dalka hagaaji
Nooga raay Qab-qablaha
Qaxootiga iyaga ku reeb
Rucle iyo orod Jaxiim ku rafaadi....

Erayadaas iyo kuwo kale oo la mid ah ayey qaxootigu ku habaarayeen qab-qableyaasha dagaalka Soomaaliya, waxayna Rabbi ka tuugayeen in uu iyaga booskaas geeyo oo uu Jaxiimo keeno.

Qaxootigii Soomaaliyeed ee nafta biday dalka Yeman waxaa lagu qiyaasaa 8,000 oo qof. Aakhirkii, xerada Al-jaxiim waxay ku gubatey si sahlan, kaddib markii, iyagoo rafaadkaas ku jira, uu misana dab qabsaday mid ka mid ah hoolashii xerada, waxaana dabkaas ku dhaawacmay, kuna dhintay dad badan oo Soomaaliyeed.

Ayaa na baday ciilka?
Ciriiriga nagu beerey?
Calaf nooga dhigay rafaadka?
Kolba meel u cararkiyo
Ayaa ciyaal darbiga naga yeelay
iyo cawo-socodka liitaa?.

Qaxootigii waxaa mar kale loo raray xero kale oo lagu magacaabo Al-Kharas, taasoo noqotay xeradii ugu darnayd. Wixii hore been dheh, Soomaalidu waxay xeradan uga sheegteen kulayl daran oo naar ah, kaasoo aan lagu noolaan karin.

Qaxootigii Soomaaliyeed ee ku sugnaa Yeman waxay u kala baxeen dhowr:

1. Kuwo Ilaahey u sahlay safarro kale.

2. Kuwo halkaa uu hoggaanku ugu go'ay, kuna adag tahay nolosha, welina weysan waddadii u sahli lahayd in ay dib ugu laabtaan dalkooda, kaasoo ay maanta dareensan yihiin qiimaha uu leeyahay, iyadoo qof kasta oo Soomaali ah meel kasta ha joogee uu maanta u bisabisoonayo in uu dalkiisa dib ugu laabto.

Haatan waxaa jira qaxooti badan oo soo gaarey halkii ugu dambeysey ee ay soo higsanayeen, sida: Yurub iyo Ameerika, kuwaasoo meeshii laga filayey in ay yiraahdaan „waannu daalnaye sidee loo degey?" afkooda ay kusoo hartay „dalkayga ayaan u laabanayaa". Dadkaasi waxaa ku dhacay dal-tabyo (home sick), waxayna jacayl badan u qaadeen dalkii ay shalay lahaayeen „Ilaahoow iga saar, Ilaahoow kan i dhaafsii". Tani waxay ku tusaysaa marba haddii uu qof kasta leeyahay „dalkaygii", meel kastaba ha joogee, in ay xaqiiqadu tahay in aysan jirin meel dhaanta dalkaagii hooyo.

3. Kuwo Yeman nolosheedii xamili kari waayey, dani seeto weeyaane ay daruuftu ku qasabtay in ay tuugsadaan, waxayna aaminsan yihiin oo mar kasta hor taalla su'aasha ah: Dalkii oo aad ka maqnayd dhawr sano, sidee ugu laabanee adigoo gacan maran?..

4. Kuwo ku sugaya Yeman calafka la yiraahdo (Lottery), kaasoo ah midka uu Maraykanku sanadkiiba mar ku qaato dad uu geeyo dalkiisa.

5. halka qaar kalena ay mar kale iyo tahriib cusub oodda usii jabsadeen iyagoo kusii jeeda Sacuudi Carabiya. Waxaase weli nasiib-xumo ah Soomaalidu iyagoo arkaya dadka ku baaba'ay badaha iyo silica Yeman in ay weli kusii socdaan isla waddadii hoogga, welina aysan istaagin tahriibayaaashii, baddaasna ay ku maqan yihiin kumanyaal Soomaali ah oo isugu jira carruur, haween, rag, waayeel iyo cirroolaba.

Xuduudda Sacuudi Caraabiya

Dadkii Yeman ku jaha-wareeray, waxay qaar ka mid ah wejiga aaddiyeen Sacuudi Caraabiya, iyagoo aaminsanaa in ay heli karaan nolol dhaanta tan Yeman. Waxaa ii suurta-gashay in aan la kulmo wiil dhallinyaro ah oo isugu keey sheegay Cabdi, kaasoo iiga sheekeeyey xaalkii uu kasoo maray dalka Yaman iyo weliba tahriibkii uu ku tegey Sacuudiga, wuxuuna ku billaabay sheekadiisa sidan:

"Waxaan ahaa wiil ka dhashay qoys dhaqaale ahaan iska ladan oo ka adag nolol-maalmeedkooda. Waxaan ku indha-furay dagaaladii sokeeye iyo dal burbursan, xilligii aan nolosha qurxoon arki lahaana waxaan arkay dhiig iyo colaad keliya. Weligey kuma fekerin in aan dalka anigu leeyahay oo aan wanaaggiisa ka taliyo. Waxaan ugu noolaa Soomaaliya sida in ay tahay dal aan ku joogo si ku-meel-gaar ah sidii aan u maqlaayey dowlad ku meel gaar ah. Maadaama wax kasta noqdeen ku-meel-gaar, waxaan aniguna u qaatay in aan si ku-meel-gaar ah u degganahay dalkayga. Weligeey isma oran dalkani waa dalkaaga, waxaana iga guuxi jirey inaan mar uun ka tago dalkan baas, maalin ayaanse u sheegay waalidkey in ay ii ogolaadaan in aan meel uun ka aado dalkan. Waalidkey waxay igula taliyeen in aan iska joogo oo aan Ilaahay ku aamino dalkayga hooyo, maalin walbana waxaan ku gunuunaci jirey dal hooyo waa maxay?...

"faceey dhammaantood waa iga wada tageen, waxayna u dhoofeen Jiddeh, halkaasoo ay sawirro kala nooc nooc ah iiga soo dirayeen, iyagoo iiga sheekeynayey casiirka iyo mukayfka illaa aan ugu dambayntii kasoo dhuuntay waalidkey anigoo iskula hadlaya 'ma halkan baa ah meel la joogo?' Runtey bay ahayd oo waa ay adkayd in xaaladda nololeed ee dalku ku sugnaa uu aqbalo qof dhallinyaro ah, haddiise aan kulligeen dadkeennan dhallinyarada ah ka wada carrawno Soomaaliya, ayaa dalkii u maqan ayaan hadda is weydiiyaa, anigoo haatan u ololeeya in aan laga bixin dalka, dadkana wax loo qabto, qof kastana ay waajib ku tahay in uu gacan ka geysto badbaadinta dalkiisa intii uu ka carari lahaa, loona faaruqin lahaa dhawr nin oo dalkii burbur iyo kala firir ku ridey. Waa goormase goorta aan gartay oo Ilaahay uu tawfiiqda i waafajiyey? Waa mar aan soo jabay oo aan khabiir (waaya-arag) timo cad soo noqday.

"Waxaan suuqa bakaaraha uga soo dhacay gaari xamuul ah, anigoo kasoo dhuuntay labadayda waalid. Waxaan imid Boosaaso, kadibna waxaan tahriib ku tegey Yeman. Doon ayaan Boosaaso ka raacay. Doontaas dadkii ila saarnaa waxay badankood ku dhinteen badda, khatar badan kadibna waxaan aakhirkii gaaray Cadan, halkaasoo muddo kaddib aan u adkaysan kari waayey nolosheedii adkayd, waxaanse anigoo quus taagan kula kulmay gabar aan Xamar deris ku ahayn oo ka mid ahayd dadkii aan ku saaxiibnay Buufiska iyo dhoof jacaylka, kana mid ahayd dadkii igu dhaliyey tahriibta, kaasoo i baday in aan ku noolaado gaajo, harraad, iyo rafaad anigoo aan weligey hore u arag baahi.

"Gabadhii (saaxibul buufis) waxay misana igu dhalisay talo ah in Sacuudi Carabiya ay ka nolol wanaagsan tahay dalka Yeman, ayna sahlan tahay sida lagu galo, waxaana markaa wehliyey gabdho kale oo dhulkaas khabiir ku ah, kuwaasoo dhawr jeer ku tahriibey xuduudda Yeman iyo Sacuudiga. Inkastoo aan jeclaa in aan noqdo dalmar, misana taladaas waa ay igu yara cuslaatay, hase yeeshee waxaan ogaadey in aysan xiiso lahayn dal-marnimo qaxooti iyo tahriib ah. Dalmarnimadu waxay ku wanaagsan tahay ama aad ku maahmaahi karaa 'nimaan dhul marin, dhaayo ma leh' markii aad leedahay dowlad iyo calan la ixtiraamo oo xushmad dunida ku leh, dhinac kastana noloshu kuma wanaagsana qaxootinimo.

"War iyo dhamaantii, waxaan gabdhihii u sheegay in aanan meelna u socon oo aan nacay qurbe, islamarkaana aan dib ugu noqonayo Soomaaliya iyo halkii aan kaga soo dhuuntay waalidkey. Gabadhii, saaxiibul buufis, waxay igu tiri: 'Meel laga laabto ma joogtid...Sidee loo laabtaa?...Waad waalan tahay ee Sacuudiga ayaa kaaga dhow Soomaaliya...Fursaddaan ha is dhaafin anaa kaa naxaayee...walaalkey baad tahaye.'

"Warkii ay gabadhaas ii sheegtay, wuxuu igu noqday xaqiiqo aan dhinacna loo dhaafi karin, sababtoo ah maba jirin si loo laaban karo iyo jid la mari karo, si loo aado Soomaaliya, baddii in aan ku noqdana, caloosha ma siin karayn, waxaanan ku tallamay 'Toloow, bal markaan tijaabi tahriibta, hana kuu ahaato tani tii kuugu dambeysey.'

"Anigoo ogsoon qiimaha dalkayaga ayey mar kale isoo waaleen saaxiibadey oo aan weli ogaan wixii aan ogaadey, waxayna mar kale igu dhaliyeen in aan sii socdo illaa inta aan socon karo, iyagoo meelo badan wax iga tusaya illaa aan aqbalay tahriibkii, waxayna iiga faa'iideysteen buufiskii oo xoogaa igu dambeeyey.

"Gabdhihii ayaan dib ula xiriirey, waxaanan si sahlan u weydiiyey 'imisa ayaa lagu gaari karaa Sacuudiga?', waxayna iigu jawaabeen 'waa kanaa...Waxaa loo socdaa seddex maalmood iyo wax yar oo saacado ah ama ugu badnaan 4 maalin haddii cirka loo boodo 5 maalmood kaliya ayaa naga xigta.' Anigoo yaaban baa la igu yiri 'su'aalaha badan naga xasili Siraadkii Khiyaamo ma joognee, berritona is diyaari waa la baxayaaye.' Anigoo baan ku iri 'haye bal berri diyaar baan ahay'

"Qabqableyaashii Tahriibka ama madaxdii Is-dhiibka ayaa maalintii lagu ballamay innoo keenay gaari aan ku gaarno illaa xadka Yeman. Markii aan in badan soconey aayaan uga dhaadhacnay meel tuulo ah oo ahayd halkii aan socodka ka bilaabi lahayn. Waxaan soconno oon soconnaba...Waxaan harraad, gaajo iyo daal marti u ahaannaba...Waxaan intii aan jidka ku jirney toban cisho garan weyno waddada ama jidkii aan haynay in uu sax yahay iyo in kaleba, markiise aan in badan soconney oo aan fahamney waddadii saxnayd, nasiib darro, waxaa halkii nagu helay askar, mana fahmin labada dal ee Sacuudiga iyo Yeman midkii ay ahaayeen, waxayna goobtaas noogu geysteen xadgudub weyn oo ahaa in gabdhaheenii sharafta lahaa ee Soomaaliyeed dhammaan halkaa lagu kufsaday, si xunna loola dhaqmay, raggeeniina nala garaacay illaa aan ku ilmayno 'Alla dalkaygii!!! Alla Muqdisho!!! Alla iminkoon talo hayo tabar ma hayo !!!.'

"Dhammaanteen qof kasta waxaa ka yeerayey calaacal beerka ku geddinaya iyo yuudaan, qaar waa iska gabyaayeen, waxayna isku ciil kaambinayeen 'gabarnimadii aan kala soo cararnay wiilasheennii Soomaaliyeed ee wanaagga lahaa, miyuu Carab duur-joog ah nagala carraabay caawa?...Cakuyeey, waxaa na loo qaatey annagoo guursanna mooryaanta dalkeenna joogta, kana dhigna niman wanaagsan...Ciil weynaayeey...'

"Ugu dambayn, waxaan garannay in aan wax yar u jirney xadka Sacuudiga, maxaa yeelay askartii halkaa joogtey nooma aysan soo celin Yeman ee waxay noo sii gudbiyeen askartii Sacuudiga, waxaana goobtaas igula soo dhacday heestii Abwaan Cabdi Muxumud Amiin ee ahayd: **Duubkiyo duqowdiyo, inta**

darajo wadatiyo, Soomaali duub-dheer isku duubnidoodaan, dawanka ugu ciyaayaa...

"Askartii kale ee aan halkaas ugu tagnay waxay noogu sii dareen mid la mid ah imtixaankii iyo ciqaabtii. Annagoo rafaadsan oo qof walbaa nolosha hiifayo oo la is wada ciilkaambinayo ayaan soo galnay Sacuudiga, waxaana ka war helnay in ay xudduuda ku caddiban yihiin gabdho Somaaliyeed oo duurkaas cidlada ah laga qabsaday, laguna haysto guryo tuulooyinka xudduuda u dhow dhow, iyadoo qaarkood adoonsi dartiis laga dhigtay xoolo-raac. Annaga aanba dhibtoonee, armaanba ahayn kuwo nasiib leh oo aakhirkii Sacuudiga lugta la galay.

"Waxaa yaab igu noqotay oo aan jeclahay in aan xuso Soomaalida waxa waalaya waa Soomaali kale oo jar ka tuuraya. Bal kuwii i soo waalay eeg oo iyana kuwo kale ay sidoo kale u soo waaleen, kuna soo rideen buufiska. Aniga khabaar-moog baan ka ahaa waxa meeshaas ka jira, waxaanse ku faraxsanahay in qisadaydan ay dad badan oo akhrisan doona ku ogaan doonaan xaqiiqda iyo waxa ka horreeya, dad dambe oo war-mooge ahna aan lagu soo siri doonin. Waxaan kula dardaarmayaa inta naftooda ka naxaysa in aysan jidkaas ku biimayn naftooda, sharaftooda, caafimaadkooda, caqligooda, gabarnimadooda, ragannimadooda, jirkooda, iyo maankooda.."

Sacuudi Caraabiya

Qaybtaan ma rabo in aan ku fogaado. Waxaan ogahay in ay jiraan dad badan oo ka war helay dhibaatada Sacuudiga taal. Sida la ogyahay, Sacuudiga waa dal Carbeed oo aan weli ku horumarin dhowrida xaquuqda aaddanaha, wax badanna aan weli ka ogeyn qiimaha qofka bini'aadamka ah. Waa dal ay ka war hayaan dadka Soomaaliyeed dhibaatooyinka lagala kulmo iyo tacaddiyada lagula kaco walaalahood Soomaaliyeed ee ku nool ama ku noolaan jiray dalkaas.

Socdaalka Sacuudiga, marka laga reebo safarka waajibka ah ee gudashada Xajka, waxaa uu Soomaaliya ka billowday horraantii Toddobaatameeyadii, iyadoo ay jireen dad xoogaa ah oo u dhoofi jirey dalkaas, kana raajicin jirey shaqooyin sanadihii Sideetameeyadii, kaddibse ay daruuftu isu badashay in ay dad ka badan toban ruux isla degaan shaqadii oo yaraatay darteed, ayna usii dheerayd in markii ay dadka Soomaaliyeed xoogaa ka shaqeeyaan lagu soo qabto Tarxiil, dibna loogu soo celiyo Soomaliya, qaarkoodna markii ay in yar ka shaqeeyaan bay iskood dib ugu soo laaban jireen dalka, iyagoo xoogaa lacag ah la imaan jirey, waana kuwii loo bixiyay magacii Jannaale, kuwaasoo waqtigoodii uga nasiib badnaa muhaajiriinta xilligan in Soomaaliya ay lahayd dowlad la ixtiraamo, dadkeedana aan lagu xadgudbi karayn.

Dadkii ka tahriibey Yeman ee socodka ku galay Sacuudiga waxay la kowsadeen shaqo la'aan ay sababtay faro badnaantii dadka, taasoo yareysay shaqooyinkii la heli jirey, kuna soo koobtay haweenka kaga shaqeeya guryaha qaddaamo ama adeegto (Booyaaso), iyadoo tii heshaa reer wanaagsan ay iskala joogi jirtay muddo, looguna shaqayn jiray sidii xayawaan.

Dadka Sacuudiga ee loo shaqeeyo waxaa la iiga sheegay in aysan aaminsanayn in adeegatadu daali kartaba, taasoo ay u sii dheer tahay in mararka qaarkood gabadha booyaasta ah laga inkiro xaqii ay shaqaysay oo la soo raacdeeyo iyadoo lagu handadaayo in askar loogu wacayo, ama la tarxiilayo haddii ay ka hor timaado amarrada reerka ay u shaqayso, waxayna ku qasban tahay adeegtadu in ay adeecdo kafiilkeeda oo ah qofka wakiilka ah. Nidaamkaan wakiilnimada ah waa nidaam ku soo xasuusinaya xilligii is-addoonsiga oo maanta laga ciribtiray adduunka, laakiin weli ku dambaysa Sacuudiga.Muddo kaddib, gaar ahaan sagaashameeyadii, waxaa la gaaray in la waayey xittaa shaqadii adeegtanimada (qaddaamanimadi) ahayd, waxayna dadka qaar maciin bideen in ay ka tuugsadaan meelaha dukaamada ah.

Warbixintii ugu dambeysey ee la xiriirta heerka tuugsiga ka jira dalka Sacuudi Carabiya waxaa lagu qoray majalad ka soo baxda London oo lagu magacaabo Al-Wasad, taasoo lagu sheegay in dadka ka tuugsada dalkaas ay Soomaalidu ugu badan yihiin, iyadoo iminkana uu falalkii tarxiilka, addoonsiga, iyo gumeysiga qaddaamooyinka uu maalmahan dambe ku biiriyey in ay la beegsadaan ciqaab adag dadka Soomaaliyeed ee aan lahayn cid u maqan ama dowlad looga baqo.

Falkii u dambeeyey ee ka dhacay dalkaasi wuxuu ahaa midkii lagula kacay lix wiil oo dhallinyaro Soomaaliyeed ah oo halkaas qudha looga jaray, iyo qaar badan oo xabsiyada lagu illoobey. Dadka waxgaradka ah ayaa is weydiinaya: waa dhici kartaa in ay dadkani dambiyo galeen, laakiin mar haddii aysan lahayn dowlad oo ay yihiin dad qaxooti ah, maxay dowladda Sacuudigu ugu musaafurin weydey dalkooda, maxaase keenay in qoorta laga gooyo iyagoo aan haysan cid difaacda, qareen aan loo qaban, lana soo taagin maxkamad?.

Weli waxaa lala yaabban yahay in falkii qoorta looga jaray dhallinyaradaas Soomaaliyeed lagu sheegay xattooyo, taasoo sharci ahaan ciqaabteedu tahay gacan-goyn, aysanna ahayn qoor-goyn. Jawaabta su'aashan waxaan u deynayaa wakhtiga iyo isbeddelada dunida.

Sawirrada Saddex wiil oo ka mid ah wiilashii qoorta looga gooyey Sacuudiga

Hooyooyinkii dhalay wiilashi qoorta looga gooyey Sacuudiga oo Muqdisho ku baroor-daaley.

Kowda November: maalin aan karaahsado

Qisadan bal eeg, waxay ku dhacday gabar yar oo Soomaaliyeed, waxay noqotay qiso noloshayda ku yeelatay raad lama illaawaan ah, waan iska calool xumoodaa markaan xasuusto, waxaan is iraahdaa intey raggii Soomaliyeed soo dhaaftay miyey gabdhihii yar yaraa ee Soomaaliyeed xittaa heerkaan la maraysaa. Gabadhaas waa iga diiddey in aan magaceeda runta ah ku sheego buuggan. Bal aan u bixiyo Nasra.

Nasra waxaan markii ugu horreysey kula kulmay dalka Holland. Waxay ku dhalatay, kuna barbaartay Magaalada Muqdisho. Dhowr sano markii ay dhiganeysey sannadka koowaad ee dugsiga sare ayuu dagaalkii sokeeye ku billowday. Sida ay ii sheegtay, waxbarasho aad bay u jeclayd. Maalin maalmaha ka mid ah, annagoo daawanayna filim, waxaan maqlay Nasra yareey oo ku cataabaysa "walaalayaal filimkaan iga damiya". Filimku wuxuu ahaa mid lagu matalayey xeeb iyo badweyn ay mowjaduhu is rogayaan oo aan u arkeyney filim xiiso leh, inkastoo aan anigu si gaar ah isha ugu hayey Nasra oo aan ka dareemayey wajigeeda murugo iyo jahwareer. Anigu aad baan ula yaabbanaa sababta ay Nasra filimka ku diidey, wax yar markii aan daawaneyney ayeyna sii

raacisay "Biyaha waxaan ka qaadaa naxdin (shock)....Caawa seexan maayo....
Iga beddela filimka...."

Markii ay Nasra intaas tiri, isla markiiba waanu ka beddelney Filimkaas oo ka
socdey Telefishanka. Kannaal kale ayaan saarnay. Anigoo ka yaabban qofka ka
didaya biyaha iyo badda ayey Nasra intaas sii raacisay "Mowjadaha badda waa
ay i dhibayaan, waxay i xasuusinayaan taaariikh madow oo mugdi ah,"
markaasaan weydiiyey sababta, waxayna iigu jawaabtey "Maxaa i heli lahaa,
sidaan ku nimid Yurub iyo sidey tahay nolosheeda, waaba wax aan isu
dhoweyn". Nasra waxaan su'aaley waxa ay ula jeeddo hadalkaa,.si fudud
ayeyna hoosta iigu dhigtay in ay Yurub ku timid tahriib dhinaca badda ah.

Mar labaad ayaan sii jalleecay Nasra, waxaanan jeclaaday in aan la sheekeysto
maadaama aan buuggan qoriddiisa ku haminayey, kaddib markii sanadkii
2003dii dad Soomaaliyeed ay doon kula qarraqantay bartamaha badda
Mediterranean oo u dhaxaysa dalal ka mid ah Afrika iyo Yurub. Ma aysan
ahayn markii ugu horreysey ama ugu dambeysey oo ay dhacaan masiibooyinka
noocaas ah, waase markii koowaad oo ay igu dhalatay in aan wax ka qoro oo
aan ururiyo masiibooyinka caynkaas ah.

Waxaan sii guda-galay Nasra in ay wax uun iiga sheegto wax ku saabsan
arrinkaas, anigoo ka codsaday in ay ii sii waddo sheekada. "Alla walaal iga daa
sheekadaas, meel baa i damqanaysee." Waxaan ku celiyey in ay raali iga ahaato,
mana moodeyn in ay meel ku damqeysto, laakiin in xoogaa ah kaddib Nasra
maxay iga tiri? Waxay tiri "waan kaaga sheekeynayaa haddii aan ku
daawoobaayo, oo aan ku iloobaayo sheeko wixii aan soo maray", waxaan ku iri
walaal bal iiga sheekee wixii aad ku diidey inaad filimkii nala daawato, misna
aad badda iyo biyaha ku tilmaantay inaad cabsi (shock) ka qaado iyo waliba
nolosha Yurub oo aad uga deyrisey, "ma xamili karo inaan xasuusto
walbahaarkaas, ma awoodo inaan maskaxdeyda dib ugu celiyo noloshii adkayd
ee qarka u saarneyd geerida' ayey igu soo celisey, inkastoo ay waqti badan igu
qaadatay in aan ka dhaadhiciyo in ay iiga sheekeyso qisadeeda markii danbe
waan ku guuleystay, waxayna ii bilowday sheekadii:

Inaan ordoon istaagin
Illaa meel iyo meel
Oon iyo harraad
U le'daan ummaddii
Ilmihii naf baxaan
Abaar, gaajo, silic
aan loo aabbo yeelin
Odayadii la diloo
Asaay loo xirey dumarkii

Agoontii lala qaxoo
Nus badda ku aafoobaan
Intii kalena la tuuro
Biyaha lagu asqeeyoo
Anbad iyo socdaal
Aakhirkii Orobba
ay ku ildarroodan
Ebidkood ilmeeyaan
Ujeeddada dulucdeyda
Ayaa na badday tani
Miyaan istaahilnaa
In aan is-dhiibno
Inaba aan degin.

Kulli saaxiibbaday wey safreen

"1988-1991$_{kii}$ waxaa ka billowday Soomaaliya guud ahaanteed, gaar ahaan Muqdisho, kacdoon weyn oo laba nooc ah: (1) guurkii oo hal mar casri noqday, ma garanayo in laga dhaxlay masiibada dagallada iyo in kale, indhihii waxay qabteen 13 ilaa 14 jirro la guursanayo, wuxuuna guurkii noqday casri (Mode). (2) kacdoonka kale ee xoogga badan wuxuu ahaa in la dhoofo oo dibedda lasoo wada tiigsado, iyadoo qof kasta uu u hanqal taagayey in uu soo dhoofo halkii ay tabartiisu geysaba, iyadoo shaqsi kastana uu maskaxda ku hayay in uu dalka ka baxo.

"Waxaan billaabay is-hiifid markii aan hareerahayga ka waayey dhammaan saaxiibbadeydii qaaliga ahaa, gaar ahaan kuwii aanu halka xaafad ku wada barbaarnay ee aanu ahayn isku waqti, isku balwad, iyo isku nolol, cidlo iyo asxaab la'aan ayaan dareemay, waana la qabsan waayey kacdoonkii kale ee guurka, magaaladiina waxaa kusoo yaacay dad cusub oo ka kala yimid meelo kale. Waxaan xusuustaa in waalidkey ay dhawr jeer ii soo jeediyeen in aan iska guursado, ama aan noloshayda dabbaro. Hal-hays waxaa u ahaa waalidkey "guurso, facaa waa wada guursadaye." Dhaqaale-yaraanta reerka oo badnayd darteed ayaan waajib u arkayey in aan madaxayga meel uun ka geeyo, kana fogeeyo lafahayga.

"Had iyo jeer waxaan ku hamiyi jirey in aan ka daba tago saaxiibadaydii wada safray. Dibedda iigama horreyn cid aan ku tashanayey waalid iyo walaalba, waxaase jirtey habar yartey oo joogtey Yurub, mana jirin qof aan is lahaa waxaad ka heli kartaa gacan dhoofineed, mase rajo dhigin oo waxaa qoorta iigu xirnayd maro yar oo ay ku xarriiqnaayeen erayo far yar yar ku qoran oo ayan cidina arki kareyn: *AMA ENGLAND AMA AAKHIRO...*

Socodkeyga halista ahaa

"1_{da} November oo ahayd maalin aanan sinna u illoobin ayaan soo macasalaameeyey, kana soo dhaqaaqay reerkayga oo wada ilmaynaya, iyadoo uu i hogaaminaayo **Buufis**. Goor subax ah ayaan soo abbaaray suuqa weyn ee Bakaaraha, waxaanan soo dul istaagey gaari afka soo aadinayey dalka Itoobiya. Weligey uma aanan safrin meel ka baxsan gobollada Soomaaliya, cabsi badan ayaana iga buuxdey, mana lahayn wehel aan ahayn buufis iyo rabitaanka oo i hoggaaminayey, indhana ii ahaa. Gaarigii ayaan ka bixiyey lacag ku dhoweyd 50 doolar, waxaana la ii sheegay in aan dhaqaaqayno goor dhow, markaanse in muddo ah sugayey ayaa habeennimadii naloo sheegay in uu dib u dhacay safarkeennii. "Rar ama xamuul nagu filan ma haysanno ayey nagu yiraahdeen mulkiilayaashii gaariga.

"Aniga ahaan, waxaan go'aan ku gaarey in aanan ku noqon reerkii aan soo macasalaameeyey iyagoo ilmaynaya, oo xittaa walaalkey oo aan adduunka ugu jeclahay aanan soo arkin, soona macasalaameyn, si aanan u arkin indhihiisa oo ka ilmaynaya safarkayga bakhtiyaa nasiibka ah ee aan soo qasbanayey.

"Habeenkaa uu dib-u-dhaccu ku yimid safarkeennii waxaan la seexday dadkii aan ku bartay gaariga agtiisa ee aan isku safarka ahayn. Hase yeeshee, iska-daba-noqod laba maalin ah kaddib, waxaan innoo billowday safarkii dheeraa ee Itoobiya. Markaan habeenkii xoogaa soo soconey ayaan cagaha la soo galnay Wanlaweyn oo ah deegaan ka tirsan Daafeed, halkasoo aan ka cunnay casho tii iigu macaanayd ee aan cunay, wuxuuna wadihii gaariga nagu wargeliyey in aan biyo kasii dheregno, maadaama loo socdo jid laba habeen iyo laba maalin lagu sii jiraayo oo lagu magacaabo **Laba-Qadka,** una dhexeeya Daafeed iyo tuulada Ceel Cali, ahna dhul engagan oo oonleey ah, baahi iyo harraadna ay u dheer yihiin. Safar dheer ayaan soo galnay illaa aan soo gaarney meel oonleey ah oo korkaagu dhaqso ku qalaalaayo, oonkuna (harraad) uu afka kaa saaran yahay. Waxaan u ekaannay maro duug ah, dadkiiyoo dhanna ishooda waa ay is wada beddeshey.

"Dadkii safarkaa igu wehlinaayey waxay isugu jireen; dad alaab iib ah keensaday Muqdisho oo intey u gadantay dib usii laabanaayey; dad dadkooda ku booqanayey dhulka Soomaalidu degto ee Itoobiya; iyo dad tahriib ah sideyda oo kale, maadaama dadka Soomaaliyeed ee ku nool Soomaaliya oo aan aniguba ka mid ahay aan aaminsannahay in xitaa waddamada derisku ay dhaamaan Soomaaliya, loona maleeyo in ay taallo deeq iyo dhoof degdeg ah, taasoo runtii xaqiiqda ka fog.

"Aniga iyo socotadii aan gaariga wada saarnayn dhammaanteen waxaan lahayn aragti qura oo intii aan ku soconey Laba-Qadka tarjumeysey baahi iyo oon

(Harraad). Mar aan naftii nacnay oo aan dhibsannay socodka dheer ayaan soo gaarnay galab casir ah tuuladii Ceel Cali, halkaasoo aan kaga soo dul dhacnay maqaaxi weyn oo aan ka dalbannay raashin wanaagsan, kuna mayrannay korkii iyo dharkii, in cabbaar ahna ku nasannay.

"Maqribnimadii ayaan kasoo dhaqaaqnay tuulada Ceel Cali, waxaan soo marnay dhul weyn oo aanan xusuusan sida uu isugu xigey, balse kala ahaa Kirkiri ,Ceel Dheere, Abeesoole, Ceel Magad iyo Buqda. Goor casir liiq ah ayaan kusoo furannay tuulada xudduuda ku taal ee ah Qurac Joome, halkaasoo ay ku sugnaayeen askar ama ciidan Amxaaro ah (Itoobiyaan), oo dadka ka baarayey lacago been abuur ah, anigase gaar ahaan markii ay garteen in aan ka imid Muqdisho, waxay igu amreen in aan furo cabbaayaddii ama shukadii aan markaa xirnaa, iyagoo iga baarayey lacagahaas been abuurka ah, waase iga heli waayeen markii dambena waa isii daayeen. Habeennimadii ayaan maqlay in wiilal Soomaaliyeed oo goobtaas ku sugnaa ay qabsadeen ciidankii Amxaaradu, iyagoo ku yiri: Sidee baad gabadha Soomaaliyeed ugu amarteen in ay furto cabbaayaddeeda? Yaa awood idiin siiyey? Waxaad ka booddeen xeerkii u yiil goobta. Ma aqaan meeshii la isla sii gaarey, intaas ayaanse ku qancay haddiiba sidaas la iigu garaabay, taasoo i dareensiisey qiimaha ay mar mar leedahay Soomaalinimada iyo sharfidda gabdhaha Soomaaliyeed.

"Habeenkaa waxaan marti u ahayn oo aan seexannay xudduudii Qurac Joome, waanan ka cuntaynay, iyadoo uu raashinku noogu dambeeyey kii aan kasoo cunnay tuuladii Ceel Cali, wixii ka dambeeyeyna ma aanan arkin cunto aan aqaanno, waxaanuna cuneyney hilibka Deerada iyo Sagaarad. Ulama jeedo in aan cunto kale laga helin goobtaa ee waxaan ka hadlayaa cuntadii aan halkaas ka cuneyney ayaamihii aan socodka kusoo jirney.

"Mar kale ayaan soo galnay socod kale, Itoobiyana ma dhowa. Qurac Joome waxaa innoogu xigey deegaanka Qalaafe oo markaan lugta la galnay ay islamarkiiba igu soo dhacday heestii la oran jirey Qallaafe ee ay miraheedu ka midka ahaayeen "Qunyar socodkiyo qamuunsigaan ku raacoo, qaboowga webigiyo, Qalafeey ku dhalatee." Waxaan durbadiiba billaabay anigii daallanaa in aan heestaas ku luuqeeyo.

"Hotel ay lahayd gabar Itoobiyaan ah oo aan ka helnay qolal aad loo buuxshey ayaan ku degey, dhawr saacadood kaddibse waxaa isoo baadi-goobay reerka wiil aan isku barannay gaariga dhexdiisa oo aan isku reer (qabiil) noqonnay markaan is wareysannay ka bacdi. Reerkii waxay ii kaxeeyeen gurigooda oo ku yiil bannaanka magaalada Qalaafe, si wanaagsan ayeyna habeenkaas iisoo dhoweeyeen, inkastoo inta badan sheekada aan isla keeni weyney oo lahjadaha afka Soomaaliga ee aan ku kala hadleyney ayaa farqi weyn u dhexeeyey, waxaanan xusuustaa markaan waxyaabaha qaar sheego in ay qosol ku waalanayeen.

"Taas yaanan ku dheeraane, reerkaasi waxay ka koobnaayeen Saxardiid oo ahaa wiilkii gaariga aan isku soo barannay ee ii geeyey reerkiisa, wiilka reerkaa u weynaa oo la oran jirey Qalbi, kana shaqaynayey xarunta canshuur-qaadka Qalaafe iyo xaaskiisa oo lagu magacaabayey Kinsi, iyo hooyadood oo aanan magaceeda xusuusan. Habeenkaas waxaan ku seexday qalbi deggan iyo dhul qurux badan oo hawo macaan leh, waxayna ii ahayd markii ugu horreysey oo aan arko dhedo (korkaaga oo qoya inta aad hurdeyso), illeyn Muqdisho waa meesha ugu hawada iyo cimilada fiican adduunkee, waaberigii ayaanan dib usoo raacnay gaarigii annagoo usoo jeedna Godeey.

"Markii aan soo gaarnay Godeey ayaan is weydiiyey su'aalahan: xaggeen aqaan, waa aniga iska tahriibayee? Xaggeen tegi doonaa? Yaa iiga soo horreeya Godeey.? Anigoo aanan jawaab u hayn su'aalahaas, waxaa meeshii iga qaaday wiil isna gaariga nala saarnaa oo ii geeyey reerkiisa, halkaasoo aan laba maalin iyo laba habeen reerkaas marti ugu ahaa, iyadoo maalin Arbaco ahna aan mar kale ku soo noqday gaarigii, soona abbaarnay Jigjiga, dhul hawo macaan, annagoo soo dhex jeexnay dhul aan la quurin. Haddaan wax yar ka xuso magacyadii meelihii aan kusoo safarnay waxaa ka mid ahaa Hadhaawe, Dhanaan, Laas Dhankeer, Dalaad, Qabri Dahar, Wiji waaji, Riiga, Seykoosh, Birqod, iyo Sasabane oo aan ku soo xusuustay hees ay erayadeedu ka mid ahaayeen: **Wuxuu Sabanno Badan, Geelu Saynta u ruuxaa, mar uun baad Sasabane iyo Sulul ka cabbi doontaa,** taasoo ku jirtey riwaayaddii **Ha Waalnaado Jacaylkee, aynu Weerarka Aadnee**.

"Sasabane waxay ahayd meel aad looga cabbo caanaha Geela, heestaasna waxay ka tarjumeysey in ay mar uun meeshaasi ka mid noqon doonto Jamhuuriyadda Soomaaliya, waxaana lagu dhiirigelinayey ciidankii Soomaalida ee dagaalka kula jirey Itoobiya, iyagoo lagu lahaa waad tegi doontaan Sasabane. Geeleenuna wuxuu ka cabi doonaa Sasabane Dhagaxbuur, Cobele, Araarsi, iyo Qabri Bayax ayaan soo dhex jiirnay. Ma hubo in aan saxay sida ay isugu xigeen illaa aan kasoo gaarnay Jigjiga, iyadoo uu socodkaas igu wehliyey wiil aad u yar oo aan reerkiisa is niqiin, cidladana aan kaga tegi waayey, waxaanse kala harnay oo aan kala jid noqonnay gabar aanu iska soo raacnay Xamar, taasoo aan ku kala harnay jidka laga so galo Jigjiga.

"Aniga iyo wiilkii waxaan kireysannay Hotel la yiraahdo SIMA oo ku yiil bartanka magaalada Jigjiga, kaasoo aan helnay sidaan dadka u weydiineyney annagoo aan is af-garaneyn, markii dambase la innoogu tilmaamay luqadda jirka ee faraha wax la isaga tilmaamo. Waxaan ahayn dad aan sharci lahayn oo dal kale dhex lugaynayey, waxaanan ku dhacnay gacan boolis, waxayse noqdeen

Soomaali boolis ah, si wacan ayeyna noo gacan siiyeen. Halkii uu waajibkoodu ahaa in ay na xiraan ayey noo tilmaameen meel aan wax ka cuno oo aan ka fogeyn hotelka, habeenkiina iyagaaba naga bixiyey raashinka, kaddib markii ay arkeen in aan nahay dad habawsan. Ugu dambayn, wiilashii booliska ahaa ee Soomaaliyeed ayaa gacan naga siiyey in aan soo goosanno tikitkii aan ku raaci lahayn gaari u socdey Addis Ababa. Ma illoobi karo mid ka mid ah wiilashaas oo igu yiri "haddaad rabtaan in aad sii joogtaan ii sheega waxaan idiin gooynayaa warqadda degganaanshaha dalka Itoobiya (Mustawaqo), taasoo ay ku kalliftay iyadoo booliska gobolkaas ama guud ahaan Itoobiya aysan helin dhaqaale ku filan, waxaana maalin kasta la iska rabaa dhaqaale xaqul Jaad ah. Jigjiga waa meel Jaadka si aad ah looga cuno, magacyo kala duwan ayaana loogu yeeraa qaabka qayilaadda sida: Jabbane, Barjo iyo Biyo-raacis. Wiilkii askariga ahaa waan ka diidnay warqaddii, sababtoo ah waxaan ahayn dad u jihaysan socod kale, goobtii Basaska ayaanan Bas kasoo raacnay.

"Lix iyo toban maalmood kaddib, goor maqrib ah ayuu Baskii na keenay goobtii aan ku hamineyney in aan gaarno annagoo caafimaad qabna, taasoo ahayd Addis Ababa oo ah caasimadda dalka Itoobiya. Weligey ma maqal Addis Ababa iyo wax ku saabsan, waxaase xusuus gaar ah ii lahaa intii aan jidka ku soo jirney in aan kasoo il-bogtey meelo aan in badan heeso Soomaali ah ku maqli jirey sida "Walle kama haro Harrar iyo Hawaash". Harar waan kusoo nastay, waxaana halkaas nagu joojiyey askar ku sugnayd goobtaasi oo aad u baaray boorsooyinkeenna. Waxyaabihii aan aadka uga yaabay waxaa ka mid ahaa in goob kasta oo ka tirsan Itoobiya aan kula kulmeyney askar si aad ah wax u fatasheysey. Sidoo kale, xasuus gaar ah waxaa igu leh in aan dul istaagey buurtii Kaaraamardha ee uu dagaalkii 1977_{kii} ku dhex maray Soomaliya iyo Itoobiya.

"Addis Ababa intaanan u gelin, bal aan wax yar ka taabto waxyaabaha aan is leeyahay waa muhiim in wax laga yiraahdo, haba u weynaatee in aan dhulka is-maamulka Soomaalida Itoobiya ku soo arkay ama kusoo bartay macnaha 'gumeysi'. Waxaa mar nagu dhacday in gaarigii aanu ku safreyney, innagoo joogna magaalada Seykoosh nala ku yiri ka dega gaariga.

Anigoo yaaban baan wadihii gaariga weydiiyey waxa keenay in nala ku daadiyo meel cidla' ah, gaarigiina la iska qaato, wuxuu ii sheegay in falkaas la yiraahdo **Gidhaash** oo mar mar dowladda Itoobiya si awood-sheegasho ah ku qaadato gawaarida, kuna soo qabsato hawlo iyada u gaar ah. Seddex cisho kaddib ayaa gaarigii dib la innoogu soo celiyey.

Addis Ababa

"Baskii aan saarnayn wuxuu soo istaagey meel lagu magacaabo suuqa **Markaato** oo ah bartamaha Addis Ababa. Isla markiiba, waxaa daf nasoo yiri wiil yar oo lacag-doon ah oo noo sheegay in uu na geynayo goobta aan rabno, xaggeense ku soconnaa?!!!

"Aniga cidna kama aqoon Addis marka laga reebo wiil aan deris ahayn oo aan ku maqlay in uu Addis joogo, kaasoo aan isna meel ku ogeyn, balse aan haystey talefoonkiisa oo keli ah. Wiilkii ila socdey ee safarka igu wehlinayey ayaa iigu nasteexeeyey in uu yaqaanno gabar ay isku xaafad ahaayeen oo waalidkiis ay kusoo yiraahdeen iyada u tag, taasoo degganeyd xaafadda **Maganaayo** oo ka mid ah xaafadaha ay Soomaalidu ugu badan tahey. Talefoon ayaan u dirnay gabadhii, waxayna nagu tiri xaafadda imaada, magaceeda waxaa la dhahaa Maganaayo. Innagoo aan meelna garanayn ayaan isku soo daynay in aan soo gaarno halkii ay noo tilmaantay. Safraa waa miskiinee, waxaan, wareer badan kaddib, soo helnay xaafaddii ay innoo soo tilmaantay. Labadeenuba waxaan ahayn laba qof oo aan waxba isku dhaamin Itoobiya, misana aan ahayn dad indho furan, qof ahaan waxaan ahaa mar-dhoof, wiilkuse wuu igu dhaamey socdaalka, wuxuu hore ugu tahriibey Sacuudiga. Hadal iyo dhamaantii, doondoonis badan oo waqti dheer qaadatay kaddib, xaafaddii ayaan soo galnay.

"Reer baadiyonimooy ba', Cali Mar-dhoof baan maqli jiraye, innagaaba ka darnayn. Harraad iyo daal badan oo na hayay darteed, waxaan is tusnay in aan u baahan nahay in aan yar nasanno. Waxaan soo fariisannay Baar (Biibito) la isku dhegdhegayo rag iyo dumar, kaasoo u ekaa kuwa dumarka lagu iibiyo. Markii aan xoogaa fadhinnay, waxaan garannay in aysan meeshu qumanayn, wiilkii ila socdey ayaanan ka codsaday in uu naga saaro meesha, orod ayaanan uga soo baxnay baarkii illaa aan aragnay laba nin oo Soomaali ah, kuwaasoo aan u sheegnay in aan xilligaas soo galnay oo aan u baahannay in ay na caawiyaan. Waraysi kaddib, waxay garteen gabadhii aan u soconey, waana ay noo geeyeen.

"Gabadhii si wanaagsan oo debecsan nooma soo dhaweyn, markiibana waxay billowday in ay inna johalaysato, amarna waxay nagu siisay in aan kusoo qubaysanno biyo qabow oo baraf ah, iyadoo Itoobiyana biyaheeduba iska qabow yihiin, waxayna noo billowday sharraxaad ku saabsan sida loo qubeysto. Masaakiin baannu ahayne, biyihii qaboobaa ayaan isku waraabinnay innagoo wiif wiif ah, tacbaanna ah oo hurdo, baahi iyo tabardarro isugu keen darsoon yihiin. Kaba sii darane, markiiba gabadhii waxay nagu billowday dayro naga nixisay oo ahayd haddii ay naagta Amxaarada ah ee leh guriga ay deggan tahay innagu aragto guriga in ay oran doonto dad cusub baa soo kordhay, waana in aad kordhisaa lacagta kirada guriga, korontada iyo biyaha. Sidaas darteed, gabadhii waxay noo sheegtay in isla saacaddaasba aan meel kale raadsadaa.

"Talaa igu caddaatay, cidna kama aqoon Addis Ababa, waxaanan ka fursan waayey in aan ka codsado gabadhii in ay ila raadiso halkii wiil ee aan ka garanayey dhulkaas oo dhan, anigoo aad uga xumaaday in ay na raacdaysay intii ay nagu oran lahayd xoogaa yar nasta, waxaad soo marteen socod dheer. Islamarkiiba, waxay igu tiri "na keen aan taleefoon u dirnee wiilka aad sheegeysid ee aad taqaannoo". Waan iska sii raacay anigoo aan aqoon wax aan iraahdo ama aan sameeyo, waxayna garaacday nambarkii, markii la qabtayna iima aysan dhiibine, iyaada la hadashay, hadalkiina ku billowday 'kaalaya oo iga kaxaysta gabartaan haddii aad garanaysaan'. Intaan is hayn kari waayey ayaan ka dafay telefoonkii oo aan weydiiyey wiilkii aan aqiin in uu joogo goobtaas iyo in kale, markiibana ninkii talefoonka qabtay ee ay la hadleysey ayaa iigu jawaabey 'wiilka aad baadigoobeyso isaguba wuxuu dulsaar ku yahay reer kale, mana wacayo.'

"Iyadoo ay talo farahaygii ka baxday baan ninkii ku celiyey 'reerkiisaan akhbaar muhiim ah uga wadaa.' Markaan intaas iri ayuu u qaatay in aan lacag uga sido reerkiisa, igana ballan qaaday in uu ila soo hadalsiin doono, waxaanan u qoray telefoonkii gabadha.

"Anigoo walaacsan ayuu nasiib wanaag ila soo hadlay wiilkii aan aqiin, waxaanan uga warramay xaalkayga iyo in aanan meel haysan, cidnana aan aqoon, wuxuuna igula ballamay irridka shirkaddii xawaaladda Al-Barakaad xarunteedii Adis Ababa oo ku tiil xaafadda **Bole Rwandha,** goobtii ayaanan kula kulmay isagoo uu weheliyo wiilkii naga qabtay telefoonkii aan kasoo dirnay xaafadda Maganaay. Salaan iyo is-wareysi kaddib, waxaa la i geeyey xaafaddii uu degganaa wiilkii kale la socdey, si fiican ayaana la iigu soo dhoweeyey. Lacag aan badnayn ayaan ku darsaday reerkaas iyadoo aysan Addis ka jirin iska nooloow, waxna ha bixin, iyo marti baad tahay. Run ahaantii, wiilkaa waa uu ii naxariistay maadaama uusan iga qaadin lacag badan oo la sheegi karo. Wiilkii aan isku xaafadda ahaan jirney oo ka shaqaynayey meelaynteyda, waxaan dib ka ogaaday in isaguba uusan waxba haysan.

"Addis Ababa waxaan ku arkay dhallinyaro iska qayisha (marqaanta), oo nolosha iska dhiibey, waqtigoodiina ku dhammaaday riyo iyo qayilaad, waxaan ku arkay oo kale kuwo hammigoodii wuxuu doonaba ha ahaadee ku illoobey nolosha yar ee Itoobiya, illeyn qofku marka ugu horreysa ee uu ka soo dhoofo burburka Soomaaliya oo uu indhaha ku dhufto meel xor u ah wax kasta sida qamrada, jaadka, naagaha iyo muusigga, wuxuu si sahlan isaga daba-laadlaadiyaa noloshaas yar ee dhallanteedka ah, taasoo ah mid qofka illowsiin karta wax weyn, waa dhibic malab ah oo ku hilmaansiin karta fuusto malab ah, aniguse waxaan door biday intii ay dhibicdaas malabka ah iga hor istaagi lahayd fuusto malab ah in aan marka hore xabadka u dhigto sibirka qaraar, si aanan waqti isaga lumin noloshaas gaaban.

34

"Isla markiiba, waxaan billaabay in aan weydiiyo dadkii iiga oo horreeyey Addis xog ku saabsan laymanka, siyaabaha loo dhoofo, meelaha la aado, iyo meelaha wax lagu sheegay. Ma garanayn waxa ay yihiin waxa aan ka ordayo oo dalkayga hooyo iga raacdaynaya, maxaa yeelay, ma ahayn sabab weyn in aan iraahdo keliya saaxiibaday oo dhan baa safray. Addis intii aan joogay waxaan gacanta ku watey qariidad aan ku jiheysnaa in aan raaco, qorshahayguna waa degsanaa, inkastoo ay shaki xoog badan iga gelisey gabadhii ugu horreysey ee aan ku soo degey oo igu tiri 'yaa idiin soo sheegay Itoobiya ayaa laga dhoofaa, qorshahaan baana ka soconaya?'.

"Hadalkaas jees jeeska ahaa wuxuu igu abuuray naxdin ay u weyneyd xoogaagii (lacagta) ahayd ee aan kusoo dhoofay waxay ahayd mid ay hooyadey habaar ku soo daba xirtay, haddii aan ku dhoofi wayana aysan jiri lahayn meel aan talo ka billaabi karey, waxaana ii furnaa oo qur ah in aan sida dhallinyarada kale beerta iska galo (nolosha iska dhiibo). Anigoo indhaha taagtaagaya ayaa waxaa niyadda ii dhisay oo welwelkii iga yareeyey wiilkii aan gurigiisa joogey oo igu yiri "laynka aad qariidaddiisa gacanta ku haysato wuu jiraa, haddii aad dadaashana waa laga yaaba in aad ku guuleysato, waana mid u baahan lacag badan."

"Markuu carrabka ku dhuftay erayga ah 'lacag u baahan' ayey meeli i damqatay illeyn lacag kale meelna kuma ogyne, ugu dambayntiise waxaan billaabay sida Soomaalida u caadada ah in aan tolnimo iyo qaraabo dad u raadsho. Telefoon ayaan ku wacay dhammaan intii igu tolka ahayd, mana jirin dad ila dhashay ama i dhalay oo joogey dalalka wax la isaga soo diro, waxaan ku tashanayey tol iyo qaraabo guud. Markii aan kasoo dhoofayey Soomaaliya, waxaan iga guuxaysey in tolkeey aysan marnaba dhulka i dhigi doonin. Hase yeeshee, waxay filashadaydii dhicisowdey kaddib markii aan dad badan ka wacay taleefanka. Oohin iyo calaacal badan ayaan weheshadey, anigoo inta badan ka walaacsanaa haddii uu meesha hoggaanku iigu go'o xittaa in aanan dib u noqon kareyn oo uu habaar (inkaar) iga horreeyo, iyadoo la i oran doono 'lacag uun baad ku soo qasaarisay safarkii aad ku tagtay Itoobiya, ma dalxiis baad ahayd, maxaadna iigu soo noqotay?' Tani waxay daliil u tahay in marmarka qaarkood xittaa bay'addu kugu qasbayso in aad noqoto is-dhiibe.

"Welwelkii i hayey aad buu u weynaa, waddo kalena iima sahlaneyn oo aan ka ahayn in aan suuqa u galo sida dhallinyaro badan oo duruuftaas oo kale suuqa u galay. Anigoo is- ciilkaambinayana ayaan soo tufay suugaan, waxaan soo hunqaacay maanso inteeda ugu xun ee lagu calaacalo, lagu caytamo, ama lagu ooyo. **Maanso ciil leh, muusoowna geeri, Alla buufisoow, belaayo kusii qaadday.**

"Anigoo ilmadu iga socoto ayaan hiil ka helay suugaan, waxaana iigu darnayd markii maalin aan sinna iiga go'ayn aan teleefoon ka wacay gabar aan qaraabo isku dhow ahayn, una sheegtay duruuftayda, iiguna jawaabtay 'waan kusoo waci doonaa ee iska dhig taleefoonka waa kugu qaaliye'. Gabadhii inyar kaddib bay isoo wacday. Rajo badan ayaa i gashay, waxaan niyeystey in ay wax ii qaban doonto. Nimaad kobtiisa toleysoo karfantaada tolaaya...

"Gabadhii waxay iiga farxisay in maalinta khamiista ah aan ka soo qaato 500 dollar shirkadda xawilaadda Al-Barakaat.Anigoo farxad la boodboodaya ayaan tegey Al-Barakaad illaa la iiga nixiyey in aysan waxba ii oollin halkaa. Maalmo badan ayaan ku noqnoqday shirkaddii, waxaana iiga sii baxayey lacag gaari-raac ah illaa aan mar dambe quustay. Gabadhii ayaan taleefan ayaan dib ugu celiyey, mar kastana waxaa iga qabaneysey cajaladda farriinta lagu reebo, waxaanan si joogto ah goobta laga dirsado telefoonka kala soo laabanayey niyad-jab, iyadoo uu iga baxayey kharash kale, illeyn cajaladda farriinta lagu reebaa waa lacage.

"Mar ay waqti badan kasoo wareegtey ayaan maalin tijaabiyey telefoonkii gabadhaas. Nasiib wanaag, waan helay, waxaanan weydiiyey sida ay wax u jiraan, waxayse igu tiri isla sidii hore 'orod oo doono lacagta, waxaan soo dhigayaa berrito shirkadda Al-Barakaat.' Naf baahan ma quustee, waxaan kusii noqnoqday Al-barakaaat, waxaan gaarey heer ay shirkaddii i nacday oo aan isku xishoodo, anigoo cago-jiid ah ayaanan kasoo laabtay Al-barakaat. Anigoo jiifa joodari dhulka ii yiil, qabowga Addisna uu i hayo, keligeyna ah, intaan afgambi u dhacay ayaan ku dhawaaqay:

Beentaad ii sheegtay, bir weeyaan i dhaawacdaye
Nabarkii wali ma bogsoon, baanna warkeedba daaye
Mar baan kuu baahday, baqtiyaad igu soorteyee
Weliba anigoo boodh miiran ah, biyo iga hagratayee
Ku qososhey baaba'aygiyo, bilicdaan u ekahaye
Boog iyo soo bax weeyaan tani, aan baxnaansaminee
Adduunyo beriba waa si, boqorba waa caynee
Anna ina bile-samaan ahay, wax baa ii bidhaamaya
Saadaal baa ii birqeysa, Iftiin baa ii baxaaya
Alla walaaleey, baddaan waa ka bixi, barrigaan imaaniye
Waa inoo berri iyo xumaantaad i baday

"Faruurta intaan hoosta ka qaniiney ayaan ku celceliyey **'waa innoo berri.'** Waxba yaanan gabay oodda goosane, ujeeddadeydu waa in aan u digo dadka isku soo hallaynaya dad ay qaraabo kore yihiin oo dalkooda isaga soo socdaalaya iyagoo aan waxba kala ogeyn, iskuna soo dhex tuuraya god uu ka shidan yahay dab holcaya, kuna doorsanaya dalkooda ka-cararkiisa ciriiri, ciil, caloolyow, gaajo iyo rafaad. Wacnaan lahaydaa in aan lagu soo khatalmin qaraabo dibed-joog ah.

"Wax badan markii aan sidaas u gabyayey, mararka qaarna aan is fari jirey in aan samro oo aan tukado, Ilaahna baryo ayaan helay naruuro, salaaddii ayaa i caawintay, welise waxaa duqayn igu hayey hamigaygii oo ii nuurnuurin jirey in aan London ku caweeyo illaa aan gaarey heer, Ilaah ha iga caifiyee, haddii la isu kay barbardhigo London iyo geeri in aan dooran lahaa geeri. Bal maxaa London iga jirey, ma dalkaygaa.? Waxaa xaqiiq ah wax kastoo aad jeclaato haddii aysan xagga Rabbi kaaga qornayn weligaa in aysan kuu suuroobeyn.

Cagtoo ku cun cuntaa, haddii safar loogu cararaayo
Calaacasha haddii lacag lagu soo culaayo
Anigaa ceynkaa ahoo, cidlana wali taagan
Hadal baan ku caan baxaye, caado weeye taa
Caashaq iyo jamasho, haddii meel aad calmatay
Calanka laguu saaray, cayaar lagu tagaayo
Haddii meel ku cajabisaa, ciyoow lagu helaayo
Anigaa London ku caweyn lahaa,Cawo halkaan ma joogeen.

"Muddo dheer markaan ku sugnaa xaalad aan degganeyn ayey hooyadey iisoo dirtey lacag yaroo aan ku billaabay in aan u hawlgalo sidii aan ku samaysan lahaa baasaboor Itoobiyaan ah oo la ii sheegay in uu yahay tallaabada ugu horreysa, si aad baasaboorka u heshana ay ka horreyso in la iibsado wax loogu yeero **Mustawaqo** oo la mid ah Teesaro caddeynaya in aad deggan tahay ama ku dhalatay dhul ka mid ah Itoobiya, inta badanna dadka ka yimaada Soomaaliya waxay sheegan jireen in ay yihiin dad u dhashay dhulka Soomaalida ee Itoobiya.

"Si aan u helo Mustawaqo ayaan raadis ugu dhaqaaqay, kaddibna aan u qaato baasaboorka Itoobiyaanka ah, ugu horrayntiina waxaan la kulmay wiil ay is yaqaaneen ninkii aan gurigiisa degganaa oo noo sheegay in uu samayn karo teesarahaas, uuna naga doonayo lacag dhan 200 birta Itoobiya ah oo u dhiganta 25 doolar, Itoobiyana ka ah lacag xoog leh. Waan ogolaaday in aan bixiyo qarashkaas, dammaanadna waxaa ka qaaday ninkii aan degganaa gurigiisa iyo xaas uu qabey, gacanta ayaanan ugu ridey lacagtii, hase yeeshee wuu la dhuuntay il dambana lama sii saarin. Mar labaad ayaan misna helay wiil kale oo aad u wanaagsanaa, oo inta uu iga qaaday lacagtii maalin Jimce ah, teesarihii oo samaysan isla Sabtigii ii keenay, wuxuuna iga qaatay 200 bir oo ahayd qiimaha u go'naa markaas.

"Teesarihii markaan gacanta ku dhigay, waxaa igu dhacay cudur hor leh oo ahaa meeshii aan aadi lahaa. Mar waxaan lahaa 'waxaan tegeyaa Masar, marna dalka

Jaad,' ugu dambayntiina waxaan u bareeray in aan doonto baasaboorkii Itoobiyaanka ahaa. Goor subax ah intaan kacay waqti hore ayaan iska xaadiriyey xafiiska Socdaalka Itoobiya, si aan ugala soo baxo baasaboor Itoobiyaan ah, anigoo aan ahayn muwaadin dalkaas u dhashay. 'Indho-adag arooskeedey booddaa' baan maqli jirey. Anigoo ruuxaygaba isla yaaban sidaan ku haweystey in aan baasaboor kala soo baxo xafiiska socdaalka ee waddan islaameed.

"Buufis madaxiisa Allaha gaarsiiyee, waxaan subaxaas galay xafiiskii jawaasaadka (baasaboorrada), iyadoo la iga sii hormariyey ballan, waxaanan u gudbey qol nambarkiisu ahaa 102 oo uu iiga sii horreeyey ninka bixiya baasaboorrada oo ahaa nin kasoo jeeda beesha Tigreega, kaasoo hore u haystey magacayga. Durba irridkiisii ayaan galay, wuxuu i weydiiyey magacayga, markaan u sheegayna wuxuu i weydiiyey su'aalo aan waxba ka jirin, si aan loo fahmin. Ninkaas waxuu qaatay lacag laaluush ah oo ahayd 500 Birta Itoobiya. Waxaa kaloo baasaboorka iiga baxday 200 Bir oo ahayd qiimaha baasaboorka iyo 65 Bir oo iyana aan ku bixiyey waxa loogu yeero **exit visa** (visaha ka bixida Itoobiya).

"Dabadeed, halkii baan ka galay saf dheer, kaasoo sidii aan ugu jirney hal mar irridka looga dhawaaqay in ay Sooomaalidu ugu horreynayso dadka geli kara gudaha. Sababta ay taas ku dhacday oo ay Soomaalidu uga horraynayso dadkii kasoo horreeyey ee safka kul jirey waxaa la iigu sheegay in ay Soomaalida ka qayb gashay safka hore ee dagaalladii Ereteria iyo Itoobiya oo ay Itoobiya la safteen, waana Soomalida killilka shanaad, taasoo darteed ay ku mutaysteen tixgelin gaar ah.

"Aniga ahaan safka dheer culays baan u arkaayey, arrinkaana waa i farxad geliyey, anigaana ugu horreeyey wax gala gudaha xafiiska jawaasaadka, waxaanan usii gudbey qol uu nambarkiisu ahaa 51, kaasoo aan dhigayey waraaqihii koobiga ahaa ee uu isoo siiyey ninkii aan kula kulmay qolkii 102 iyo weliba Teesarihii, kaddibna waxaa magacaygii laga yeeriyey qol nambarkiisu ahaa 58, halkaasoo aan ku dhiibey lacag dhan 200 Bir oo baasaboorka ah iyo 65 Bir ee fiisaha bixidda ahayd.

"Shan maalmood kaddib, waxaa gacanta la iga soo saaray baasaboorkii Itoobiyaanka ahaa, waxaan la tegey safaaradda Suudaan oo aan weydiistey fiiso aan dalkooda ku galo. Safaaradda Suudaan si aad ah ayey noo soo dhoweysey. Wiilkii ila socdey ee aan gurigiisa degganaa wuxuu ku hadli karey afka Carabiga, taasoo noo sahashey wax badan. Wareysi kooban ayey safaaradda Suudaan ila yeelatay, waxaanse jawaab u weyney su'aal ahayd yaad ku degeysaa markii aad tagto Suudaan, iyagoo iga doonayey telefoonka qofka aan ku degayo.

"Weger...Ma Suudaan baan telefoon ka haystey ama aan cidba ka aqiin, miyaanse maqlay xittaa weligey sheeko ku saabsan dalkaas. Jawaab la'aanta su'aashaas darteed, dib ayaa la ii soo celiyey, waxaana la ii sheegay in aan fiisaha soo doonto markii aan soo helo telefoonka qofka aan ku degi doono. Waan iska soo laabannay anigoo quus ah, inyar markii aan soconneyse waxaan jidka kula kulannay wiil ka soo laabtay Suudaan oo isagu hayey telefoonno dhawr ah, mid ka mid ah ayuuna noo soo qoray.

"Maalin kaddib ayaan soo qaatay fiisihii Suudaan. Intaan dukaameysi (Shopping) soo samaystay ayaan soo goostay tikitkii aan baska uga raaci lahaa Adis. Waxaan islamarkiiba hore ka tegey wasaaradda caafimaadka Itoobiya oo ay qasab ahayd haddii aad Itoobiya ka baxeyso in aad kasoo qaadato warqadda caafimaadka oo ku xirnayd in aad hore u qaadato talaal, kaasoo i geliyey cabsi ahayd ka baqid aan ka baqayey cirbadaha dalkaasi oo aan kaga shakisnaa cudurka AIDS. Waxaan bixiyey 10 bir oo laaluush ah, waana la iga daayey talaalkii.

"Bal is-weydii waxay kula tahay markii dal aadan weligaa sheeko ku maqlin aad fiisihiisa gacanta ku haysato adigoo ku faraxsan. Anigoo uu i soo hayo safar naxdin iyo farxadba leh, welwel iyo cabsi la wehel ah oo harsan la' ayey habeen guriga aan joogey soo booqatay haweeney deris nala ahayd oo iiga sheekeysey safarro ay gashay, sheekadaasoo aad iiga qoslisey, mar marna iga yaabisay.

"Haweeneydu waxay sheekadaas ku dhalatay markii ay aragtay in aan ka welwelayo safarka igu soo beegan, waxayna ii billowday socod dheer oo ay ku tagtay illaa iyo Congo, iyadoo ay wehliyaan koox kale oo ay inta badan iska heleen waddada, kulligoodna uu u ifayay muuqaal ah in uu qof kasta tago waddan uu calaamaystay oo Yurub ah. Kooxdaas oo badankood ka baxay Nayroobi waxay ku socdeen Koonfur Afrika, halkaasoo lagu sheegay in uu ka jirey layn Yurub lagu soo gelayey, waxaana hoggaanka u hayey wiil dhllinyaro ah oo socod ka daaley, Afrika oo dhanna askartooda u gacan galay.

"Qof walbaa oo kooxda ka mid ah wuxuu doonayey in uu galo Koofur Afrika oo ay ka sokeeyaan dalal badan oo Afrikaan ah, qaarkoodna aan sharci la'aan lagu dhex socon karin. Haweeneydu waxay ii sheegtay wiilka hoggaaminayey in uu ahaa nin ku macallimay u kala gooshidda dalalka Africa, laakiin aan weligii gaarin Koonfur Afrika, mar kastana dhexda ay kasoo qabtan jireen askar Afrikaan ah, dalalka Afrikaanka ahna caan ka noqday, kaddib markii dhawr jeer lagu qabtay.

"Kooxdaas uu wiilku hoggaaminayey wax war ah kama hayn, mana aqoonin Mr. IS-DHIIB oo magacan uu ugu baxay isagoo markii la qabto oo la weydiiyo meesha uu u socdo ama uu ka yimid, iyo magaciisaba ku jawaabi jirey waxaa la i yiraahdaa 'IS-DHIIB.'

"Mr. Is-dhiib iyo kooxdiisii waxay markii dambe gaareen heer ah, iyadoo ninkaa la raadinayo, in gurigii ay galaanba ay askari ka soo saarto. Dalba dal buu u dhiibey, aakhirkiina waxaa mar kale dhammaantood laga soo tuuray Nayroobi, arkartii Keenyana xabsi bay ugu sii dartay, iyagoo markii ay ayaamo xirnaayeen lacag looga soo daayey xabsiga Keenya.

"Haweeneydii markii ay ii sheegtay in ay wareegeen Afrika oo dhan iyagoo sharci la'aan ah ayey aayar neefi iga soo fuqday, sheekadeediina i gelisey geesinimo yar oo ahayd in aan cidlo lagu dhiman oo haddii uu Ilaah kuu qoro uun aad dhimanayso, haddii kalena aad badbaadeyso, waxaanan isku dhiirigaliyey in aan iska daayo fulaynimada mar haddiiba ay jiraan dad sharci la'aan isaga kala gooshey adduunka, aniguna aan haystey sharci sax ah, inkastoo sharcigaygu ahaa mid aan ahayn jinsiyaddeyda, misana runtii waa ay ii waadaxsanayd in aanan anigu ahayn Itoobiyaan.

"Subax hore ayaan soo raadiyey wiilkii kasoo laabtay Suudaan ee ii qoray telefoonkii aan fiisaha kusoo qaatay, wuxuuna ii soo sharraxay qadkii iyo sida aan u socon lahaa, nasiib xumase wiilkii aan Xamar iska soo raacnay lacagtii ayaa laga dhacay, arrintiisiina waa cuslaatay, wuuna iga haray, waxaanse jeclaa in uu iigu wehel yeelo socodkaan kale, waxaanan ka naxsanaa safarkeyga anigoo ah gabar keligeed socota.

"Wax kale kama gaarine, saacaddu markii ay ahayd 12_{kii} duhurnimo, waxaan imid halka laga raaco baska u socda gobolka Gondhar. Nasiibkayga, waxaan indhaha ku dhuftay wiil Soomaaliyeed oo isaguna baska raacaya, si weyn baan ugu farxay aragtidiisa, waxaan wada fariisannay hal kursi, sidaas ayuuna safarkii noogu billowday..

"Baskii wuxuu dhul buuro dhaadheer leh oo aad ka naxayso nasoo dul mariyaba, waxaan is niraahno armuu gaariguba gaddoomaa, waxaa baska nala soo koray wadaad Kiristaan ah oo wata calaamaddii istallaabta (macattab), dadkoo dhanna intuu indhaha u saaro lacag yar ay ku tuurayeen, aniga iyo wiilkiise waxaan u sheegnay in aan nahay Muslim, wuuna naga dulqaaday macattabkii, taasoo noo muujisay in aan Itoobiya diimaha la isku qasbin. Safarkii dheeraa waxaan sii haynaba, habeen markaan dhex seexannay kaddib, waxaan soo cago dhigannay gobolka taariikhiga ah ee Gondhar ee ay Amxaaradu si gaar ah u deggan yihiin, maadaama Adis ababa oo caasimad ah la wada deggan yahay.

"Gondar waa gobol aad u bilicsan oo qarniyo-jireen ah, dadkuna wanaagsan yihiin, inkastoo aan ku barbaaray meel laga yiraahdo halku-dhegga ah (**xaasidsanidaa ma Amxaar baad tahay?**), aniguna aan aaminsana in ay Amxaaradu yihiin dad xun, waxaanse gartay in ay ahayd dacaayad la fidiyey 1977$_{kii}$ dagaalkii dhex maray Soomaaliya iyo Itoobiya, halku-dheggaasna uu noqoday mid hirgalay oo saamayn nagu wada yeeshay, haddase waxaan qabaa fikir midkaas ka beddelan oo reer Gondar wax dhibaato ah kalama kulmin, dadkana maba la kala garan karo, wax farqi ah oo noo dhexeeyana maba uusan jirin, haddii ay ahaan lahayd mid muuq iyo mid qaab intaba. In xoogaa ah ayaan joogey gobolkaas, waxaanan xiran jirey labiskooda.Safarkaygaas, ka sokow in aan haajirayey, waxaan kaloo ku tilmaamaa mid ii noqday dugsi aan wax badan ku bartay, waxaanan garawsaday in dhul Amxaaro aysan cidi wax igu yeeleyn.

"Gondhar markaan ka tegey, waxaa iigu xigtey gobolka webi-mareenka ah ee Bahar-dhaar, hal habeen ayaanan ku hoyaney. Waxaan noogu xigtey Shehedi (Shehedhi) oo aan soo cago dhigannay goor galabnimo ah, waxaanan baadi goob u galnay. Hotel la innoogu soo tilmaamay gabar uu qabo nin Soomaali ah oo dadka Soomaaliyeed soo dhoweysa. Raadin dheer ka bacdi, waxaan iska goosannay in aan degno Hoteel kale, iskana nasanno. Hoteelka aan soo degney wuxuu u ekaa hoteellada haweenka lagu iibiyo, inyar kaddib markaan dareennayse islamarkiiba waan ka cararnay....Allow qof aan wax ogeyn ha cadaabin, dib ayaan mar kale u billownay haybintii gabadhii aan dooneyney. Dad badan markaan weydiiney ayaan helnay. Gabadhaas wuxuu magaceedu ahaa Manu (gabar uu qabo wiil Soomaaliyeed oo carrigaas deggan), waxaan alaabtii dhigannay hoteelkeedii, waxaanan sii marnay xafiiskii aan ka sii qaadan lahayn fiisaha dal-ka-baxa (exit visa), kaasoo la'aantiis dib laguu soo celinayo.

"Markaan kasoo dhammaanay xafiiskii, waxaan soo dul istaagney Manu iyo hooyadeed oo aad noogu soo dhoweeyey Shehedhi, islamarkaana na dejiyey hoteelkooda, shaah noo soo kariyey, aadna innoo wanaajiyey, nooguna ballan qaaday in ay na saari doonaan gaariga u socda Mutamma oo ah xudduuda Itoobiya iyo Sudan.

"Gaariga **Muttama** wuxuu baxayey 6:00 subaxnimo Manu ayaa nagu tiri anigaa idin kicin doona, waxayna noo ballamisay gaarigii. Subaxnimadii, innagoo aan sugin in nala kiciyo ayaan shaah iyo quraac kaddib iska xaadirinnay halkii uu taagnaa gaariga oo ahaa nooca raashinka lagu raro, dusha sarena kaga dhacnay, isagoo loo riseeyey si aan caadi ahayn.

"Mutamma oo aan sidaa usii fogeyn waxaan soo galnay galabnimo casar ah, askar Itoobiyaan ah oo uu ku jirey wiil Soomaaliyeed oo halkaa joogey baa baasaboorradii naga qaaday, iyagoo u gudbiyey Khalaabiyaad meel la yiraahdo oo ah xudduuda Suudaan, waxaana nalaku wargeliyey in aan ka warsugno askarta Suudaan inta ay nooga helayaan gaari baxaya.

"Sidaas darteed, Muttama ayaan hoteel ka degnay, si aan ugu sugno gaari. Waqtigaa waxaa lagu jirey bisha Ramadaan. Afurku waa Canjeero-Xabashi, aad baanan ugu dhibtoonay Mutamma, markii dambase waxaan ka war helnay in ay ku taal maqaaxi uu leeyahay nin Suudaani ah oo cuntadeedu tahay xalaal. Maqaayaddaas ayaan habeen kasta u afur doonan jirney. Saddex habeen kaddib ayaa naloo sheegay in aan helnay gaari. Askartii Itoobiyaanka ahaa intey na fatasheen ayey noo soo tallaabiyeen xadkii Suudaan, halkaasoo askartii Suudaanna ay mar kale fatash nagula dhaqaaqeen. Annagoo aanan meelna istaagin ayaan u soo tallownay Khalaabiyaad (xuduudda kala barta labada wadan) oo ay is horfadhiyeen labadooda ciidan ee xudduuda ilaaliya. Halkaas ayaan gaarigii ka raacnay. Askarta Suudaan aad bay u jecel yihiin Soomaalida iyo Muslimiintaba, waxyaabo badan ayaana noo fududaaday.

Suudaan

"Suudaan waa dal aad u weyn, si aad ahna loo ilaaliyo, waddo kastana ay askartu leedahay ha la soo dego, la iskuna baaro. Xitaa haddii aad daallan tahay ama jirran tahay oo aad is tiraahdo ku dhuumo gaariga dhexdiisa, waxaa ku sheegaya kirishbooyga illaa adiga iyo alaabtaada lagaa soo dejiyo gaariga oo si gaar ah laguu fatasho, taasoo aan kasoo bartay cashar ah sida ay ummadaha adduunku dalalkooda daacadda ugu yihiin.

"Dadka reer Suudaan waa dad aad u naxariis badan, soo dhoweyn badan. Xilligaas safarkeenu wuxuu ku beegnaa bisha Ramadaan, tuuladii aan gaarnaba waxaan kula kulmeyney dad jidka taagan waqtiga afurka oo gaarigeena joojinayey iyagoo naga codanayey in aan afur usoo degno. Maalintii iigu xasuusta badnayd waxay ahayd maalin aan istaagnay tuulo, si loo afuro. Aniga iyo gabar Itoobiyaan ah oo gaariga ila saarnayd ayaa naloo geeyey haweeney Suudaaniyad ah, si ay noo afuriso. Haweeneydaas wejiga ayey ka jeexjeexnayd, waanan la yaabanaa. Waxaan ka aaminsanaa Suudaan in ay tahay meel khatar ah, meel dadkeeda ay cunaan ama waxyeelleeyaan dadka kale, maantase waan ka xumahay in aan ka haystey fikirkaas qaldan. Suudaan haatan waa waddanka aan adduunka ugu jeclahay.

"Haweeneydii aan la joognay waxay noo keentay raashin afur ah oo ahaa Soor midab leh (Caziido) iyo cabitaan guduudan oo aad mooddo dhiig (Kar Kadee). Soortu waxay ahayd mid markaad kor u qaaddo saxanka illaa afka jiitameysa, sida balaastikna isku raacaysa, maraqeeda oo ahaa mid ka samaysan baamiye badan darteed (Muluqiyo). Aniga iyo gabadhii Itoobiyaanka ahayd midkeen aqoon uma lahayn cuntada caynkaas ah. Hal mar ayaan is eegnay, misna haweeneydii oo nagu lahayd 'kul, washrabuu' oo ah cuna oo cabba ayaan eegmo ku celinney. Ma annagaaba wax cabbi karney, waxaa nagu dhashay baqdin weyn, waxaana aaminnay in ay na siisay dhiig dad, waxaanan is lahayn 'goorma ayaa idinkana la idin qalan doonaa' illaa aan Salaaddii tukan weyney cabsi darteed, markii dambana annagoo aan meelna aqoon ayaan orod oodda soo jabsannay. Nasiib wanaag, ma aynaan dhumin oo si fudud ayaan kusoo gaarnay goobtii ay joogeen socotadii kale iyo gaarigiiba.

"Illaa iyo haatan, waxaan marar badan dareemaa cabsi, waxaanan is weydiiyaa 'maalintii aad iska orodeen, haddaad dhumi laheadeen, maxaa dhici lahaa?'. Orodkii iyo neeftuurkii ayaan kala soo dul dhacnay goobtii ay fadhiyeen raggii kale oo uu ka mid ahaa wiilkii Sooomaliga ahaa ee ila socdey, kaasoo markuu na weydiiyey in aan wax soo cunnay aan uga sheekeeyey wixii nagu soo dhacay. Meeshii la wada fadhiyey ayaan ka dalbannay shaah.

"Haddii aan kaaga warramo cuntadii aan ka cabsannay ee aan kasoo cararnay, waxay ahayd cuntada ugu qaalisan dalkaasi Suudaan oo ah cunto-dhaqameedkooda ay ku faanaan. Soorta waxaa la dhahaa Caziido, maraqeeda waxaa laga sameeyey Baamiye, cabitaankana waa cabitaanka adduunka ugu wanaagsan caafimaad ahaan, waana Kar Kadee, oo laga sameeyo caws guduudan oo biyo la dhex dhigay. Wejigii jeexjeexnaa ee haweeneydana mar dambe ayaan ka warhelay in ay tahay dhaqan iyo caado ay leeyihiin dadka reer Suudaan ee degga gobollada qaarkood, waana qurux iyo calaamad, sida la iigu macneeyey.

"Tuuladii waxaan kasoo baxnay markii la tukaday salaaddii maqrib, ducadii iyo safarkiina halkoodii ayaan ka sii wadnay. Gobolka **Gadaarif** ayaan nimid oo aan gudaha usoo galnay. Markiiba waxaan goobnay hoteel, laakiin hoteel kastaa wuxuu shuruud nooga dhigay in aan warqad kasoo qaadanno askarta gobolka. Sadexdeeniiyoo yaabban intaan isa soo raacnay ayaan goobnay askarta warqadda laga qorto. Aniga iyo wiilkii Soomaaliga ahaa waxay nala ahayd arrintaa la yaab illeyn waddanka aanu ka nimid wuxuu ahaa waddan aan wax sharci ah lahayn. Socod badan kaddib, sidaan u haybineyney askartii, waxaa noo tilmaamay baabuurta dadweynaha oo u badnaa Xaajiyo Khamsinta kuwa ay Soomaalidu tiraahdo. Waxaan askartii u sheegnay in aan nahay dad Soomaalida Itoobiya degta ah, si wanaagsan bay noola macaamileen, iyadoo ay noo muuqatey calaamad muujinaysa ixtiraamka iyo wanaagga ay dadka Suudaan u hayaan Soomalida. Askartii waxay naga qaadeen baasaboorradii, wax yar kaddibna waxay na siiyeen warqaddii, waxayse la hareen baasaboorkii gabadhii Itoobiyaanka ahayd oo ay ku xireen sharuudo lacag ah.

"Suudaan oo sidaan horay u xusayba Xabashida lagu liido dhanka diinta, waxba waan u qaban weyney gabadhi, isku safarna waan soo ahayn, cidladana waan uga tegi weyney, waxaanan la baadi goobnay dhaqaale lagu soo qaado baasaboorkeeda. Annagu dhaqaalaha wuuba nagu yaraa, waxaan ku jirney beeqaamin, waxaanse la raadinay Soomaali naloo kugu sheegay in ay degganaayeen Gadaarif in muddo ah, qaarkoodna ayba halkaas ku dhasheen. Soomaalidu raadis bay rabeen, annaguna waxba kama aqoon meesha la joogo, waxaanan socod dheer u galnay radiskooda ilaa aan Jamal Nuur cagta dhigney iyo goobo taariikhi ah, annagoo ay weliba nagu jirtey cabsi badan. Xooga warwareeg ah kaddib, waxaan helnay Soomaalidii na loo soo tilmaamay, aad bayna noo soo dhoweeyeen, mid ka mid ah halkaas waxaa uga furnaa dukaan, guryahoodii ayaan booqanay, ugana warbixinnay dhibaatada haysata gabadhii nagu safarka ah, danise waxay nala dhaafi weydey in gabadhii loo doondoono Xabashi kale oo reeraheeda ah, markaan u helnayna, halkii ayaan isku soo macasalaameynay.

"Maba aynaan sii hakane, waxaan haddiiba baadigoob u galnay halka laga raaco gawaarida ku socota magaalada Khartuum. Waxaan tikidho ku goosannay qiyaastii lacag dhan (1500) Jineh (Gini), waxaanan halkaas ka soo raacnay gaari ku socdey Khartuum oo ah caasimadda Suudaan.

"Magaalada Khartuum cidna kama garanayn, marka laga reebo talefoonkii aan ka qaatay wiilkii aan kula kulmay Adis Ababa, kaasoo aan weydiistey in uu i siiyo talefoon qof uu ka yaqaanno Khartuum. Wiilkii aan isla soconney isna wuxuu watey telefoon lasoo siiyey. Habeennimo fiid ah ayaan kasoo dhacnay Khartuum, waxaan ku leexannay meel talefoonnada laga dirsado. Taleefankii aan watey markaan diray waa la iga qaban waayey, laakiin wiilka ila socdey kii uu watey ayaa durba laga qabtay, loona sheegay in loo imaanayo. Kaygii ayaan misana ku celceliyey marar badan, markii dambena waa la iga qabtay, waxaana la ii sheegay in la ii imanaayo.

"Waa dad aynaan is aqoone, wax culays ah iskama kay saarin, waana iga soo daaheen, waxaana kasoo hormaray wiil soo doonay wiilka ila socdey, kaasoo markaan tusay telefoonkii aan watey igu yiri 'waxaan ku wada soconnaa isku xaafad, waana halka aan rabo in aan geeyo wiilkaan ee na keena.' Halkii ayuu wiilkii naga wada kaxeeyey, wuxuuna na geeyey guri ku yiil xaafadda Khartuum 3 oo u dhowaa jardiinada loo tago raaxaysiga ama nasiinnada ee la yiraahdo Xadiiqal Khurush, halkaasoo ay u badnaayeen dhallinyaro Soomaaliyeed oo wada safar raajicis ahaa iyo arday wax ka barata jaamacadaha Khartuum. Dadkii ayaan is wada barannay, nolosha lagu noolaa aad bay u adkayd, sariiraha jiifka waa la ijaarayey (kireyn), halkii sariirna waxaa lagu seexanayey 250 jineh (Gini). Guryaha waxaa lahaa islaamo Amxaaro ah oo da' ah, habeenkii ugu horreeyey waxaan la seexday gabar i tiri ila soo seexo, habeenkaa kaddibse waxaa la iga sugayey in aan dhinacayga ka billaabo sariir-kireysi.

"Cimrigeey kuma fikirin sariir baa la ijaaraa habeenkaa ka hor, waxaanse iska seexday sariirtii ay iigu deeqday gabadhii. Anigoo is leh waad nafistey ayaa habeenkaas waxaa gurigii aan kusoo degey ka dhacay qiso aad xusuus iigu reebtay, waxaana is dagaalay gabadhii isiisay sariirta iyo wiil ay isku fiicnaayeen oo isku qabsaday lacag dhan 300 doolar. Buuq weyn, dagaal, kala qabta iyo kala celsha kaddib, waxaa laga badin waayey in subixii markuu waagu beryey arrinta loo bandhigo askarta. Anigii waxaa ila soo deristey naxdin, waxaan haystey 300 doollar oo karfanteyda ahayd, waxaan maqlayey in la lahaa waa la is baarayaa oo la is fatashayaa, waxaanan ka baqayey in inta la is baaro oo lacag 300 doollar ah aniga la iga helo, kaddibna la i yiraahdo 'markaad sariirta la jiiftey hay kuu dhiibatey,' sidaasna lacagteydii loogu baas baxo. Waxaan u muuqdey qofta keliya ee laga shakiyi karo oo xittaa mar bay habeenkaas gabadhu igu qasabtay in aan raaco, si ay jallaato ii soo siiso. Tan lacagta waxaa kaloo iiga darnaa in uu wiilka lacagta ku haystey ku yiri 'habeenka caawa ah haddaadan keenin lacagteyda, kaw baan kaa siinayaa, mindi baanan kugu dilayaa.' Anigu waxaa jiifey sariirteeda, waxaan niyadda iska iri 'armuu isku kiin qaldaa caawa oo mindida adiga shab lagu sii.' Waxaan iskula shawray 'Alla illeyn Suudaan buu qabrigaagu ka qodnaa.'

"Hurdo la'aan iyo nasiino la'aan ayuu waagu iigu beryey, daalkii oo weli iga muuqda ayaa wiilkii i keenay oo aanan aqoon hore u lahayn Soomaalinimo mooye, waxaan ka codsaday inuu i geeyo meel kale, wuxuuna ii kaxeeyey guri ay degganaayeen arday oo isla xaafadda ku yiil, halkaasoo aan kula kulmay laba wiil oo arday ahayd oo aad u wanaagsanaa. Markii aan u sheegtay dhibaatadii aan qabey, mid ka mid ah ayaa iisoo jeediyey in uu ila baadi doonayo reer Soomaaliyeed oo aan la noolaado oo aan ka fogeyn xaafaddaas agagaarkeeda, waanan ka aqbalay fikraddaas.

"Aniga iyo wiilkii waxaan soo aadnay reerkii Soomaaliyeed oo si fiican ii soo dhoweeyey. Markaan helay deegaan, waxaan billaabay in aan maalin kasta iska soo xaadiriyo meesha ay Soomaalida isugu timaaddo, si aan u raajiciyo safarro ama wax layn ah, waxaana hadalka la iigu gaabshey in uu jiro layn Liibiya ah oo gaari dhuumasho ah loo raacayo. Laynkaas wuxuu i geliyey hami iyo go'aan aan ku gaarey in aan raajiciyo, illeyn waxaan ahaa qof iska socda oo is-dhiib ah, meelna uusan qorshuhu u saarnayn tan iyo inta aan ka helayo meel ama waddo Yurub i geyn karta..Subax kasta markaan imaado xaafadda Soomaalida, waxaa la sheegayey layman jirey, waxayna u badnaayeen hadallo is qilaafsan oo laga yaabo, adigoo ah musaafir miciin-doon ah in aad afka u gasho libaaxyo raadinaya cid ay lacagta ka dhacaan.

"Khartuum markii aan joogey muddo bil ah, waxaa na loo sheegay in uu baxayo gaari uu leeyahay nin dad badan oo Soomaali ah hore u geeyey dalka Liibiya, waxaana nala faray in aan is diyaarinno. Naxdin iyo farxad wada jira ayaa ila soo deristey.

"Waa koowe, waxaa suuragal ahayd in lagaa dhaco xoogaaga lacagta ah. Waa labee, wax fikrad ah kama haysan halka loo socdo iyo waxa iiga horreeya, waxaase la iigu warramay meesha la marayo in ay tahay meel loo dhexeeyo geeri iyo nolol oo baqtiyaa nasiib ah. Khartuum waxaan kula kulmay dad mar ku lumay halka aan u socdey intuu gaarigoodii ka hallaabay ka soo lugeeyey, qaarkoodna ay ku dhinteen, kuwii meesha ku harayna ay dowladda Suudaan ka war heshay, kaddibna loo soo qaaday Khartuum iyagoo ay naftu ku sii dabo yar tahay.

"warbixin faahfaahsan waa la iga siiyey meesha la mari doono iyo in ay nooga horreeyaan dhibaato, harraad, baahi, bahallo, iyo cidlo. Wuxuu ahaa socdaal doqonnimo oo aan dadkoo dhan uga digayo, dardaaran aan dunida u sheegayo, dabbaalnimo aan ku dayasho mudnayn, dambi aan layska cafin karin, dil iyo xanuun, daqar aan naftayda gaarsiiyey, waa laga yaabaa in aad is leedahay 'ma waxaa jiri kara wax ka daran kufsiga Soomaaliya yaalla oo guryaha loogu soo gelayo gabdhaha iyo dilka macno-darrada ah?'. Waa runtaa in aad sidaas u fikirto ujeeddadayduna maaha in aan dadka u xumaynayo socdaalkaas, balse waa in aan dadka u sheego waxa kasoo horreeya, si aan loogu soo qaldamin sida aniga igu dhacday oo kale.

"Maalin xusuus gaar ah ii leh ayaa waxay ahayd maalin aan lacag dhan 300 dollar ku wareejiyey nin Suudaani ah, waxaa billaabay is-diyaarin, caag afar littir-qaad ah ayaan biyo ku soo qaatay. Allow nimaan wax ogeyn ha cadaabin, ma afar littir-qaad baa wax ka taraya meeshii aan ogaa. Waxaan kaloo qaatay boorso yar oo aan ku ritey laba joog oo dhar ah oo aan keligoodba watey.

"Maalinkii la ballamay ayaan safar isu soo qaban qaabiyey. Habeennimo ayuu gaarigii iga soo qaaday Khartuum, wuxuuna isoo dulmariyey Umudurmaan oo ah xaafad ku taal bannaanka Khartuum, ahna goobta loogu daawasho tago labada webi ee Nile-ka oo iyagoo kala ah laba nooc (midab) meeshaa ku kulma, haddana kala leexda iyagoo aan is taaban, ama aan isku darsoomin.

"Xoogaa yar markii aan gudubney Umudurmaan ayaa nala keenay guri ay lahaayeen reer Suudaani ah oo ay qaraabo yihiin ninka leh gaariga aan ku safrayno. Gurigaas wuxuu ku yiil meel la yiraahdo **Khaliifa**. Meel deyr ah ayaa naloo dhigay sariiro nooca Soomaalidu u taqaan Catiirka, wuxuuna darawalkii nagu wargeliyey in isla habeennimadaa aan cagta saari doonno waddada, safar dheerna uu na sugayo, waxbase kama run ahayne, gurigii ayaan ku jirney habeenkii oo dhan iyo habeenno kaloo badan. Habeen kasta waxaan ahayn digtoonow, habeenkii oo keliya ayaana la safri karey safarrada sidaas ah oo sharci-darrada ah. Kontoroolka waddankaas aad buu u badnaa.

"Dhawr cisho markii uu darawalkii madadaalo nagu hayey ayuu habeen saqdii dhexe halkii naga dhaqaajiyey, wuxuuna na saaray gaari aad u yar oo ah nooca Soomaalidu u taqaan Cabdi Bile, kaasoo ay saarnaayeen afar fuusto oo biyo iyo shidaal ah, waxaanan nimid meel kale oo markaan weydiiyey la iigu sheegay magaceeda **Jamal Awliya**, oo ah dhismooyin qadiimi ah, kuna dhex tiil meel saxare ah, dadka ku noolna ay ildarnaayeen oo ay abaari ka muuqatay. Waxaa naloo geeyey reer kale oo nagu sooray shaah macaan badan. Cuntada aan Suudaan ka cunayey ma ahayn cunto inna kaafisa ama Soomaali ku filan, waxayna ahayd rooti, yaanyo iyo caws la isku dhex riday, waana cunto ka mid ah cuntada hiddaha iyo dhaqanka ee dalkaas.

"Shaahii aan ka cabney Jamal Awliya aad buu u macaanaa, inkastoo biyahu ahaayeen biyo dhanaan (qaraar), waxaana halkaas ila joogey laba gabdhood oo safarkaas igu wehliyey, habeenkii waqti dambena waxaa noo yimid gaarigii oo noo qaaday meel aan ka fogeyn guriga aan joogney oo ay ku xaraysnaayeen 54 qof oo aan isku jid ku soconey. Gaarigu waa gaarigii yaraa oo weliba lagu soo raray 4ta fuusto iyo boorsooyinkii dadka safrayey. Waan naxay markii aan arkay inta qof ee gaarigaas raaci doonta. Yaase iga war haya, waa rab ama ha rabin, waa lagu rabsiin. Isla daqiiqaddii ayey 54_{tii} qof ee kale si deg deg ah ku soo fuuleen gaarigii. Boosaska ayaa lagu kala hormarayey, si uu qof kasta u helo fadhi wanaagsan.

"Socotadaas waxay isugu jireen Suudaan iyo Soomaali, isla markiiba waxaa ka dhex billowday dagaal ka dhashey iga siko, iga duruk, dhaqaaq, waa isoo riixday, waa igu fadhidaa, waryaa iga leexsha Sudanigaan feeraha weyn.?

"Waxaa muuqaneysey in ay adag tahay in intaas oo ruux ay ku wada safraan gaarigaas yar, misna waxaa intaas dheeraa rakaabka oo ahaa dad kala dhaqan iyo kala luqad ah. Si kastaba ha ahaatee, waa la soo dhaqaaqay iyadoo uu weli socdo murankii ka dhashay cariiriga gaariga.

Lama-degaanka Suudaan iyo Liibiya

"Nalkii gaariga inta la damiyey ayaa loo soconayey si tartiib ah. Waa habeennimo gudcur ah. Markii aan xoogaa soconaba, waxaa laga shakinayey in uu iftiin soo muuqday iyo in kale. Cabsi xoog leh ayaan ka qabney askarta dalka Suudaan, waxaan ka baqayney in ay na qabtaan sidii tiiyoo ay naga horjoogaan Janno naga horreysa. Kirishboyga gaarigu markuu shakiyaba wuxuu nagu amrayey 'INZILUU' oo ah 'dega', markaasaan hal mar sidii askartii uga daadanayney gaariga dushiisa, oo dabadeed xabad-xabad u seexanayney, misana mar kale ayaa amar nalaku siiyaa 'IRKABUU'oo la macna ah 'kora' ama 'fuula gaariga'.

"Gaariga sidii milaterigii ayaa loo wada koreyey, si aad u hesho fadhi wanaagsan oo halkii aad fadhidey aan lagaaga hormarin. Mar mar gaarigu intuu bacaad galo ayaa amar lagu bixinayey in aan ka degno oo aan lugayno, meesha lagu lugaynayeyna waxay ahayd meel lugtu kuu galeysa dhulka hoose, lugtaada soo bixinteedana ay waqti kaa qaadanayso, carrada saxaraha ayey gunta u degeysey. Qof kasta wuxuu is lahaa sii gaar gaariga yuusan kaa tegine. Safarkaas waxaa nagu wehlinayey nin mar looga tegey saxaraha lama-degaanka ah ee Khartuum (saxaraha Suudaan), halkaasoo uu kasoo lugeeyey, isagaana noo sheegay khatarta ay leedahay in lagu lugeeyo saxaraha.

"Waxaan sii luudno oo aan kolba sii lugaynaba, marna gaariga saarnaano, marna naloo lahaa gaarigii baa bacaad lugaha la galay ee ha la riixo, naftuna nooga dhacday riixidda gaari 4 fuusto iyo boorsooyin sida. Intaan soconney iyo intaan gaariga saarnayn ama riixeyney waxaa badnaa intaan riixeyney iyo intaan lugayneyney.

"Waxaan jidkaas kusoo jirney lix (6) maalin iyo lix habeen, silic intii la sheegi jirey lugaheenna baan kusoo raadsanney. Biyaha maalintii oo dhan waxaa naloo ogolaa hal galaas, cuntadana laba jeer ayaa la karinayey cunto carro badan oo uraysa. Dhaxantu waxay ahayd mid nagu noqotay ciqaabta adduunka, gaar ahaan aniga oo ahaa qof aan weligeed ka bixin hooska waalidkeed. Jasuurkii abkay, awoowgeey iyo aabahay, iguma soo dhicin inaan hore u qaato buste ama kubeerto oo ma ogeyn inaan u baahnaan karo Kubeerto. Waxaan moodayey in saxaruhu aysan qaboobeyn oo ay u kulul yihiin sida Khartuum, ismaba lahayn waddanka Suudaan iyo saxarihiisa waa kala cimilo duwan yihiin. Dhaxantii ka dhacaysey saxarahana waxay igu reebtay uur-ku-taallo aan iga go'in. Waxaan kaloo ku qoslaa dadkii ila socdey oo ahaa dad soo jabi jirey oo yaqaan socodka iyo ku-safridda meelahaas, waxay kaloo aad u yaqaaneen meelaha dugaalka ah ee laga galo dhaxanta iyo qabowga. Aniga waxaan seexan jirey halka ay dabayshu kasoo dhacayso illaa aan qabow la hurdi waayey.

"Saxaraha lama-degaanka ah maalintii waa kulayl daran, habeenkiina waa qabow daran, waxaa kulayka iyo qabowga noo sii dheera dagaal joogta ah oo ay isku qaadayeen Suudaanta iyo Soomaalida gaariga isla saarnaa, kaddib markii kulayl dartii uu maalintii qof walba dhiiggiisu kacayey, xanaaq dartiina u oranayey "booskeygaad iigu timid, waad igu soo dhawaatey." Markii lagu dhawaaqo kalmadda 'dega oo riixa baabuurka,' waxaa la isku qabsan jirey boosaska, markaasey mar mar xaaladdu qaraaraan jirtey oo la isula bixi jirey ulo.

"Sidoo kale, mar mar Soomaalida dhexdeeda ayaa is leyn jirtey oo aniga qudhayda wiil aan isla soconney wuxuu igu dharbaaxayey gaariga korkiisa. Is-laynta, dhaxanta, hadal-xumada, gaajada iyo harraadkuba waxay noo ahaayeen kuwa is daba joog ah.

"Markaan lix maalin iyo lix habeen kusoo jirney rafaad ayaan soo gaarney meel la yiraahdo **Jamal Cayn** oo ah saxaraha Suudaan ugu weyn, waxaan ku wareernay la-dagaallanka cayayaan Tixsi/Duqsi waaweyn oo dadka cunayey, kana galayey sanka, afka, iyo indhaha, kaasoo laga qaado cudurrada keena hurdada badan, maahsanaanta, iwm.

"Intaan socodkaas ku jiney, waxaa kaloo la innooga digey bahal la yiraaho Diib ama loo yaqaan Yeey, taasoo khatar ah, diiratana hilibka iyo maqaarka bini'aadamka, iyo Masaska ka dhasha ciidda ee carrada ku hoos qarsoon, una eg ciidda. Goobtaas waxay ahayd meesha adduunka ugu qabowga badan, lugaheenna ayaa caag noqon jirey illaa aan intaan qoryo soo guranno oo dab shiddanno, kadibna lugaha dhex gashanno. Ma aynaan dareemeyn kulaylka dabkaas illaa ay dhaqdhaqaaq ka billaabaan lugaheenii dareenka beelay. Waxaan isweydiin jirney intaan xaaladdaas ku jirney 'lugahayagii aaween?', waxaanan gaari jirney heer aan ogaan kari weyno in ay lugihii nagu yaalliin iyo in kale.

"Jamal Ceyn markii aan soo gaarney, waxaa nagu soo noqotay neefta, waxaan aaminsaneyn in aan soo dhaafnay saxarihii ugu weynaa, waxaan si deg deg ah u dhammaynay biyihii aan cabitaan ahaanta u wadaney, raashinkii uun baan xoogaa ka reebnay, waxaan iska galnay damaashaad, waxaanan is tusnay in ay Liibiya noo dhowdahay. Hase yeeshee, markaan in cabbaar ah ka dhaqaaqnay Jamal Cayn, waxaa innaga qarribmay gaarigii, waxaana ka jabtay birta gaariga bacaadka ka saarta oo ahayd tan xilligaa la joogey gaarigayaga ugu muhiimsanayd.

"Waxaa nala soo deristey naxdin iyo shaki, kaddibna waxaa shiray dadkii gaariga watey iyo guddi aan annagu iska dhex saarnay ama aan iraahdee ay iska dhex saareen raggii aan la soconney. Annagu waxaanba goobta ka ahayn dumar/haween oo wax go'aan ah cidi nama warsanayn, waxaanan ahayn kuwo go'aanka loo gaaro. Waxba yaanan hal-halaynine, waxaa la isku afgartay in gaariga loo celiyo Khartuum oo aan ka soo sokeyney lix maalmood iyo Lix habeen. Xaaladdii ayaa qatar gashay, waxaana la yiri 'hadduu baxo gaarigu, noo soo noqon maayo, lacagtiisa waa uu haystaa, anagana meeshaan ku dhimanaynaa ee waa in la raacaa.'

"Anigu qof ahaan, iska-daba-noqod kaddib, waxaan ka shallaayey waxa igu qasbay in aan meeshaas soo maro, waxaan ka shallaayey nolosha aan noolahay ee i badday in aan meeshaas imaado, waxaa igu dhacay rajo-beel xoog leh, waxaan awoodi waayey in aan su'aalaha ay naftayda i weydiineysey aan jawaab u helo, waxaan ka oynayey uurka, waxaan ka fikiriyey oo aan is lahaa 'miyey waalidkaa ku habaareen oo xittaa nasiib ma u yeelan weydey in aad agtooda ku dhimato', waxaanan ku calaacalayey:

Ciilkiyo maxay baday cadaabkaan galay
Carri laga hayaamay maxaan cawoooyin ku hungoobay
Muxuu dugaagu igu ciyay
Maxaan Yeyda ka cabsooday
Maxaan cawaanta weheshaday
qaboow lagu cadilmiyo, muxuu korku caag i noqday
Maxaan Jamal-Cayn iyo Cagaha dhigay Ciyoonaad
Caku Jabal Kuzu

Maxaan u carraabay cisho dhaaxaa
Dhul laga cararayoo, Cidna ay ku noolayn, aan loo ciirsan meelna
Cirifka Sudan iyo Jaad
Saxaraha caalamiga ah ee ku caanbaxay weynida
Iyo ciidda guurtee caddaanka ah ee carrigii Masar iyo Liibiya

Maxaan is ciilkaambiyey
Dunida ii cuntami weydey
Maxaan caddibay naftaydii
Cunto iyo biyo maxaan muddo ka caaganaa

Misna anigoo cariirigaa maraaya
Casirkii koley tahay
Salaan cuddoonoo
Cirkaa sareetiyo
Gaadhay caadka
Camidhay adduunyada
Maxaan kuula soo cararay
Cirif ka cirif, cidna iyadoon ka muuqan
Maxaan dhalanteed ku cabaaday iyo caruuro-habaajis
Maxaan kaligeey calaacalay
Magacaaga ku celceliyey
Alla hooyoy i caawin."

"Erayadaa waxay ka tarjumayeen sidii aan hooyadey ugu cabaaday xilligaa iyo weliba waqtigaa waxaa loo yaqaano 'dhalanteed ama carruuro-habaajis' in ay kuu noqonayaan waalid, walaal, asaxaab, biyo, cunto iyo wax kasta, iyaga uun baana wehel kuu ah. Sidoo kale, waxaan ku sheegay erayadaa meelihii aan mareeysanayey oo ahaa meelo khatar ah, sida jabal Ciyoonaad oo ahayd meel ay ku noolaayeen xayawaanno dad-cun ah iyo Jabal Kuzu oo la iigu warramay in qofkii galaa gudaha Jabalka uusan kasoo laaban oo lagu waayo goobtaas.

"Harraadkii tirada badnaa waxaan ku xusuustay qisadii Haajara markii uu soo haajirayey Nebi Ibraahim in ay toddoba jeer orodday iyadoo dhalanteed moodday biyo. Markaan muddo saacado ah waayihii isoo maray oo nolosheyda xusuus gaar ah u leh, baal mugdi ahna kaga qoran xusuus- qorkayga ayaa waxaa la isku afgartay in seddexdeenna gabdhood iyo wiil ay raacaan gaariga lagu soo samaynayo Khartuum, lana soo celiyo oo gaarigaas la ilaaliyo.

"Waxaan mar kale afka soo aadinney meel aan ka tagnay waqti hore, waa Khartuume. Sidee ku imaannay Khartuum? Waddadu sidee bay ahayd? Maxaan la kulannay? Waa su'aalo qoto dheer.

"Maalin aanan sinna u illoobin weligey oo taariikh gooni ah ii leh ayaa nala soo saaray gaariga gadaashiisa oo ahayd halkii ay ku rasaysnaayeen fuustooyinkii biyaha iyo shidaalka, kuwaasoo nala soo noqday iyagoo faaruq ah, si mar kale dadka meesha ku dhibaateysan loogu soo qaado biyo iyo shidaal. Halkii ay dadku markii hore nala saarnaayeen waxaa haatan nala saarnaa biro iyo alaabta gaariga. Dhankaa iyo Khartuumtii aan beri hore ka nimid ayaan mar kale usoo safarnay, waxaan kusoo laabannay isla waddadii aan ayaamo ka hor soo jeexnay, waxaase uur-ku-taallo ahaa gaariga markii hore culayska uu sidey awgiis aan lahaan jirin wax saaldo ah, wuxuu markan annagoo gadaal saaran marna cirka na geynayey, marna dhulka noo soo celinayey. Alaabtii iyo fuustooyin eber ahaa, iyo birihii intey samada nala tagaan ayey korka nooga soo dadanayeen.

"Silic iyo rafaad badan ayaan la kulannay,waxaan nacnay naftii oo dhan, waxaan maqli jirney 'saxariir' illaa aan runteedii aragnay, dhaawac badan ayaa na gaarey. Aniga waxaa salka lagu fariisto geeskiisa iiga dhacday bir culus oo saamayn xoog leh illaa iyo hadda igu leh.

"Makii aan xaaladdaa ku jirney maalmo, waxaan anigu iri 'walaalayaal iska kay dhiga, halkan iiga taga, naftu mar bay go'daa, in aan libaax isu dhiibo ayaa sidaan ii dhaanta.' Kolkii dambe waxaan ku dhegey darawalkii oo aan ku iri 'i dhig, halkaan aan iska joogee,' waxaase iga diidey wiilkii nala socdey, mar baan damcay in aan gaariga ka boodo oo aan is dilo. Xaaladdaas waxay ahayd xaalad uusan qof aan marin ogaan kareyn, fahmina karin.

"Waxaan ku jirno quus iyo cariiri, oon iyo baahi, gaariguna uu kor iyo hoos marba noo wadaba, maalin maalmaha ka mid ah oo ku beegnayd maalinta dhalashadeyda ayaa anigoo leh 'Alla maanta waa dhalashadeyda' waxaan afka soo gelinney meel Khartuum wax yar u jirtey. Waxaan dul nimid nin aad waayeel u ah oo ku noolaa aqal ja-jaban, aqalkana ay u surnaayeen hargo yar yar oo aad mooddo hargo mukulaaleed iyo shimbiro, kuna habsanaa catiir meesha u yiil. Ninkii duqa ahaa inkastoo ay nagu jirtey cabsi oo aan is weydiineyney su'aasha ah 'maxay tahay ninkaan saan u nool oo hargaha meelaha surtay,?' misana jawaab uma aynaan hayn su'aashaas.

"Ceel meeshaas ku dhowaa ayaan ka biyo-cabnay. Bini'aadamku waa daciife, shaqsiyan waxaan illoobay durba xanuunkii, waxaana iga guuxayey walaac ah 'dhalashadaada waxaad meel wacan ku qaadataba, maanta ma hargo agtood iyo catiir baa Alle qoray in aad ku qaadato.' Dhanka kalena, waan faraxsanaa oo waxaan ku faraxsanaa mar haddii aan Khartuum nimid annagoo nabad ah oo ka raysannay gaarigii bootintiisa, iyadoo haddana aan ku fekerayey in ninka darawalka ah ee gaariga leh aan ka qaato lacagtayda, iskana noqdo oo aan iska joogo Khartuum illeyn meel kaloo aan ku noqdo ma jirine.

"Waxaa iga horeeyey habaar haddii aan Soomaliya ku laabto anigoo soo dhammeeyey lacag intaas dhan, balse waxaa iga go'nayd markaas in aan iska guursado wiil ka mid ah ardayda Suudaan wax ka barata oo aan halkaas noloshayda isaga noolaado, waxna ka barto, maadaama Suudaan ay ahayd gurigii aqoonta, balse waxaan ka dhiidhinayey dabacsanaanta iyo hadallada iiga imaan doona dadkii aan ka dhashay.

"Mar kalena, waxaa madaxa iigu xirnaa karfantayda. Marna markaan arkay xanuunka rafaadka, waxaan ku labalabeeyey in aan iska dhiibo nolosha, mar kale ma xamili karee gaarigii aan ogaa, rafaadkii, dhaxantii, oonkii, iyo biyihii la isu xisaabinayey.! Si kastaba ha ahaatee, waxaan mar kale usoo noqonnay reerkii aan Khaliifa uga tagnay, halkaasoo aan ku weydiiyey darawalkii in uu lacagtaydii ii celiyo, kana joogo safarkaa khatarta ah, wuuse iga diidey. Wiilkii nala socdey ayaan ku iri 'walaal markaad tagtaan Liibiya, ninkaan iiga qaad lacagta, iina soo dir, aniga waan iska harayaaye.' Sidaas markaan lahaa waxaaa iga guuxayey in ay lacagtaas ahayd karfantayda, waalidkey waxay iigu soo qaadeen deyn, haddii aan halkaas fursad gefana waxaan isku qaadan lahaa habaar iyo kala dhimasho waalid. Runtii aad baan u rabey in aan iska joogo oo aan Khartuum wax ka barto.

"Waan waayey wax kale oo xal ah iyo fursad kale oo ii furan. Anigoo aan dooneyn ayaan safarkii dib ugu laabtay. Waxaa horteyda ka muuqdey laba waddo oo midi ahayd geeri aan u bareerayo oo ah in aan baxo, ama habaar-waalid iyo weligey oo aan noolaado dad la'aan, cuqdo, iyo ciil. Waxaa kaloo horteyda ka muuqdey Xamar ruuxeeda oo ayan iiga horreyn meel aan ku noqdo, waxaa ii yiil xabbad iyo dil. Waxaan qaatay khatartii saxaraha, iyadoo aan iminka ku tilmaamo in ay ahayd caqli-xumo in loo bareero khatartaas. Waxaan waayey waalid, walaal, naxariis, rajo, houmar, farxad, nolol iyo qosol ii dhaama saxaraha lama-degaanka ah. Haddii aan heli lahaa dad i qabta oo i waansada, si aan uga joogo khatartaas, waxaa dhici lahayd in aan iska tuuro gabalkii marada ahaa ee ii xirnaa ee ay ku tiil England ama Aaaqiro, maxaa yeelay, waxaan indhaha soo saaray runta oo ah mid lagu quusan karo.

"Seddex maalmood kaddib, waxaa la soo sameeyey gaarigii, mar kale ayaan isku qaadnay wadadii rajada iyo geerida, waddadii ahayd 'laba daran mid dooro,' waddadii dunida ugu dhibka badnayd. Mar kale ayaan kasoo dhaqaaqnay Khaliifa, waxaan soo abaarnay Jamal Ceyn, waxaan soo raacnay raadkeenii hore illeyn lama yaqaan meel kale oo aaddo, waa saxare iska weyn oo aadan aqoon meel aad u socoto iyo meel aad u ka socotaba.

"Raadkeenii hore waxaan soo raacnaba, waxaan maalin nimid meel geed hoostii ah oo aan ka aruursanayey dhagxaanta laga helo saxaraha, kuwaasoo aan anigu ugu magacdaray dhagxaantii rajada. Waxaan rabey in aan ilmahayga iyo waalidkey tuso, si ay ugu noqoto xasuus ka tarjumeysa sidii aan ku sugnaa maalintaa aan dhagxaanta gurbinayey. Waxaan kusoo xirtay bac. Xoogaa yar bacdigeed, buug baan billaabay in aan akhriyo, laakiin aad buu iigu adkaaday in aan sii wado xaaladda aan ku sugnaa awgeed.

"Intii aan soo sheegay oo rafaad ah waxaa innoo dheeraa wasaq badan oo sidii dhoobo noo dul fuushay, korkeenna waxaa ka dhashay bahallo yar yar sida injirta iwm. Biyahii la cabbayey ayaa la isku xisaabinayaa ee ma kula tahay in la helayo kuwo la isku dhaqdhaqo, waa maya. Soo noqodkeennii waxaan illoobi karin in aan soo iibsanney busteyaal aan ka huwanno qabowga.

"Waxay ahayd maalin xusuus badan. Annagoo waqti ku qaadanayna geedka hostiisa, waxaan darawalkii gaariga weydiiyey waxa ku kallifey in uu ku shaqeeyo sidan rafaadka ah ee uu dad soo daadgureeyo, muddada intaas dhanna uu gaari kaxeeyo, wuxuuna ii sheegay in uu doonayo in uu guursado, iyadoo gabdhaha Suudaan yihiin gabdhaha adduunka ugu qaalisan. Markaad gabar guursaneyso oo aad reerkeeda ka doonanayso, waxaa lagaa rabaa in aad leedahay guri, in aad usoo samayso dukaameysi (Shopping), wax kastana uga soo iibiso dersin, sida dersin dahab ah iwm, iyo in aad aroos u dhigto. Markaad guursaneyso, waxaad u baahan tahay in aad haysato ugu yaraan 50,000 Dollar, waana sida uu noo sheegaye, taasina ay ku kalliftey in uu ka shaqeeyo shaqadan dhibta badan.

"Sidaan u sheekeyneyney ayey qorraxdii gaabatay. Waxaan billownay in aan dhaqaaqno. Waxaan waddada haynaba, waxaan goor qorrax-dhac ah soo gaarney Jamal Ceyn. Waxaan u nimid dadkii oo rafaadsan, raashinkii iyo biyihiina ka go'een. Nama ayan fileyn, waxayna ku fekerayeen in ay u lugeeyaan Doongula oo ay askar ka dhawdahay, islamarkaana aan sidaas uga sii fogeyn Jamal Cayn, yaase lugayn kara meeshaas. Waxaa lagaa rabaa in aad ciidda ka jiido lugta oo ay kuu geleyso illaa jilibka. Ka daroo dibi dhal, anagana qudheenna raashin iyo biyo sooma qaadin oo ninkii gaariga lahaa wuxuu noo sheegay in uusan hayn wax lacag ah.

"Markaan dadkii soo gaarnay, nama ayan weydiin biyo iyo raashin ee waa ay nagu soo xoomeen, waxay lahaayeen 'waan idinka quusanay.' Waa la isku wada boodey, waa la isa salaamay, farxad ayaa dadkii wada saaqday, waxaan u muuqannay kulligeen hal qoys oo kala maqnaa, iskuna soo noqday, markey qorraxdii gaabatayna meeshii baan ka sii wadnay safarkii jar-iska-xoornimada ahaa. Warkii hore war soo dhaaf, waxaan kasoo tagnay saxaro yar yar, muddo kaddibse waxaan u nimid ciid guureysa oo iska socota, maalintii kulayl badan, habeenkiina qabow badan, bustuhuna uusan waxba kugu tarayn.

"Ciiddaas waxay nagu reebtay qarracan. Waa maree, waa ay bideysaa indhaha illaa afka ayaa ciid nooga buuxsantay, annagoo nool baan u ekayn sida dad dhintay, waa la is nacay, nafteennii baan karhanay, waxanan ka shallaynay imaatinkeennii. Habeenkii waxaa lagu qasbanaa si qabowga looga badbaado in la qoto god dheer oo laga galo qabowga. Sidii bahalladii waxaan qodannay godad, markaasaan ul ka taageyney, si naloo ogaado haddii ay ciiddu nagu soo guurto in aan meesha ku jirno, hadhowna loo gaarsiiyo waalidkeen in aan dhimannay illeyn haddii ay hal mar ciiddaaas kugu soo guurto cid ku badbaadin karta ma jirtee. Ciiddu waa ciid socsocota oo hadba meel soo dhoobata, lana socota dabaysha oo sida ay u bideyso in ka yar 20 daqiiqo duugi karta dherer 3 mitir ah.

"Waxaan xaaladdaa ku jirnaba, waxaan noqonay dad ad-adag oo aan waxba ka nixin, waxaan soo xasuustaa in habeen gabdhihii aan wada soconey, annagoo ku kala jirna godad isku dhow dhow ay mid ka mid ahi tiri 'waxaa dhawaaqaya bahal, waxaan maqlaa dhawaaq bahal,' waxaanse ku niri 'ha noo yimaado, maanta waanba rabnaa wax hal mar nafta naga qaadee.' Waxaan diyaar u noqonnay wax kasta, inkastoo akhristow haddii aadan xaaladan soo marin aanad qayaasi kareyn ama ay kaa dhaadhacayn waxa aan ka sheekeynayo, haddana waxaan jeclahay in aad ku mahadiso Ilaahay haddii aad tahay qof aan soo marin marxaladdaas.

"Waan sii soconnay, muddo kale markaan jidka ku jirney, waxaan ka dhunnay jidkii aan ku soconay, waxaan gaarney taallo ay ku qornayd 1845$_{tii}$. Markaan sii akhrinay waxay ahayd saxaraha Masar. Waxaan isla markiiba la qaylinay 'waxaan joognaa saxarihii Masar, waan dhunnay'. Darawalkii ayaa is yiri dib u soo gaddoon, mise wuxuu is cunsiiyey laba birood oo midi tahay tii bacaadka naga saari lahayd oo mar dhoweyd darteed loogu noqday Khartuum.

"Waxaa la eegay birihii, darawalkii iyo makaanikihii la socdey waxa ay dhaheen waxba lagama qaban karo, annagii waan quusannay, wax hadal ah nalaka waa' oo aan ka ahayn 'armuu cararaa darawalka, ha la xirxiro iwm,' waxaase ka sii darnayd in ay biyihii gebagebo noqdeen, raashinna iskaba daa oo galabnimadii darawalka intuu isku qasay Caziido (Soor Budo ah) iyo biyo ayuu qof kasta siinayey hal kabasho, isagoo ku leh 'waa kii kuugu dambeeyey.'

"Waa la wada yar yaraaday, qof walba kabashadiisi ayuu afka ku qaatay, wax xoogaa kaddib waxaa la is faray in qof kasta uu qoto qabrigiisa, si haddii uu dhinto uusan meeshaas ugu urin. Waxaan billownay qabri-qodid, qaarkeen waxay dhaheen "inta naftu nagu jirto waan lugaynaynaa," qaarna meel bay iska fariisteen, afkii baa juuqda gabay, waxaan u muuqannay dad jiro xun qabey sanooyin, waxaa na qallalay afkii, waxaa is nacay jirkeennii, oohintii iyo calaacalkii waanu gabnay, maalintii xigtay ayuu mid ka mid ahaa rakaabka oo makaanik ahaa yiri "walaal ma eegi karaa gaariga." Waxaa la yiri 'haa' illeyn waa la quustaye. Khaalid oo ahaa Suudaani, weli magaciisa ma illoobin ayaa noqday badbaadiyaheennii, Ilaahay ka sokow. Khalid wuxuu fahmay halka uu ka halaysnaa gaariga, waana uu hagaajiyey.

"Muddo hal bil ah ayey ahayd intii aan dul joogney ciiddaas (saxaraha) aan dad iyo wax ku badbaadiya lahayn, waxay ahayd cidla ciirsi la'. Ugu dambayn, halkii ayaan mar kale socod kasoo qabsannay illaa aan soo gaarnay gobolka Kufra ee xadka Liibiya.

"Intaan la soo gelin gudaha xudduudka ayaa wixii rag ahaa lagu yiri 'waa kaa xudduudkii ee ka dega gaariga,' wuxuuna darawalkii u sii ballamiyey markey galeen gudaha kuwa kale oo meel geeya, annagana, gabdhaheenii, waxaa nala ku soo daboolay teendhada gaariga, sidaas ayaanan kusoo galnay gudaha *Kufra*, dabadeedna wuxuu na geeyey guriga haweeney Suudaaniyad ah. Wixii ugu horreeyey ee aan ku dhaqaaqno waxay ahaayeen qubeys, waxaan xusuustaa in aan biyo hal fuusto ah korkeyga ku dhaqay, waxaase nooga sii darnaa qubeyska, waxaan ahayn dad ay gaajo soo dishey oo xittaa cuntada carrada lagu karinayey aan cuneyn oo ka baahnaa. Haweeneydii waxay noo keentay sedexdeennii gabdhood seddex kiilo oo baasto ah, hal mar baanan ka laacnay. Waxay kaloo noo keentay laba tarmuus oo shaah ah, iyagiina waan fuuqsannay. Haweeneydii intey yaabtay bay noo keentay buskud iyo doolshe, misna waan ka laacnay. Annagaaba xittaa isla yaabnay, laakiin naftii baa nagu soo noqotay.

"Subaxdii dambe, waxaa goobtii noogu yimid wiilkii aan wada soconey iyo darawalkii gaariga, waxaana mar kale nala geeyey guri kale oo ku yaalay magaalada Kufra dhexdeeda. Waxaa la innoo geeyey haweeney, waxayna na siisay guri aan seexanno. Wiilkii nala socdey wuxuu noogu maqnaa qorshihii lagu bixi lahaa oo lagu geli lahaa Tripoli.

"Markaan ayaamo halkaa joogney, waxaan helnay gaari aadaya Tripoli oo ay wateen niman Liibiyaan ah oo aad u dhib badnaa. Waxaa nala keenay meel garaash ah oo la lahaa waa laga baxaa, iyadoo uu xilligaana jirey qabow aad u xun. Waxaan dhex joogney garaashkii in muddo ah, waxaan fadhinney illaa habeenkii.

"Isla habeennimadii ayuu gaarigii nasoo qaaday, kaddib markii uu dhammaaday wada-hadalkii lacagaha. Waxay nagu rideen waddo. Waxaan soconnaba, waxay afka noo geliyeen webi iyo biyo butaacaya oo aan ku qiyaasayo in uu yahay webiga Nile qaybtii ay Liibiya ka soo leexsatay Masar, waxaanan ogaaney in aysan nimankan aqoon waddada loo aado Tripoli, lacag-jacaylkuse uu u geeyey in ay sameeyaan isku-day. Dib baan uga soo noqonnay biyihi webiga ee aan

56

dhexda kaga dhacnay, kaddib markii uu goobtaa gaari kale kasoo jiidey gaarigeenii.

"Markaan ku jirney jidka laba maalin iyo habeen ayaan ugu dambayntii soo galnay meel la yiraahdo **Ijidaabiya,** halkaasoo aan habeenkii seexannay qol yar oo ku yiil gobolkaas, ahaana maqaaxi yar oo dadka safarka ah ay iska seexdaan, sidaan qiyaasayna, gaar ahaan kuwa aysan dowladda ka warqabin. Liibiyaanku ma yaqaanaan naago safra, waxay noo qaateen in aan nahay naagaha jirkooda iibiya, waxayna habeenkiiyoo dhan korka naga lahaayeen (baaq) 'imisaad rabtaan?.' Sidaan isu ilaalineyney ayaan habeenkiiyoo dhan ku hurdo seegnay, intuusan waagu beryinna waxaa noo yimid bas maalintaa maalintii xigtey na keenay Tripoli.

"Waxaa laga yaaba in aad is leedahay waxa ay ka hadlayso wax culus maaha haddiiba ay safarkeedii ku najaxdey, laakiin waxaan ka sheekeynayo ma aha wax sheeko lagu cabbiri karo, balse qofkii arkay uun baa dareemi kara xanuunka yiil saxaraha lama-degaanka ah, qofkaan arkinse wuxuu u qaadan karaa wax yar oo iska sahlan.

Jamaahiiriyaa la yiraah, la isuma joojiyo (Liibiya)

"Waxay ahayd waqti aan sinna u illoobin taariikhda noloshayda. Habeen saq dhexe ayaan ka soo degney magaalada caasimadda u ah Liibiya ee Tripoli, annagoo ah koox isla socota. Waxaa ila socdey laba gabdhood. Anigoon cidna ka aqoon magaaladaas, misana kama haysan wax fikrad ah, waan wareersanaa, kana welwelsanaa halka aan aadi doono, cidda aan la joogi doono iyo goobta aan degi doono, waxaanse iska soo daba galay gabdhihii aan wada soconey oo ay soo doonteen qabiilada ay u dhasheen.

"Anigu ma aqoon qabiilkeyga iyo qabiil wax is tara toona, waxaan ku koray guri dadkoo dhan ay eeddo iyo adeer ii ahaayeen, waalidkey iguma soo barbaarin qabiil-jacayl iyo in aan qabiil aamino, waxaa iigu horreysey qabiil 1991$_{kii}$ markii inta ilmaha waalalahay ah la weydiiyey qabiilkoda ay ku jawaabeen "ilmo hebel baan nahay", iyagoo sheeganaya magaca aabbahay. Xaalad amni awgeed ayuu adeerkeen noo soo qoray sida loo abtirsado oo loo sheego qabiilka, waxaan aqiin cidda aan ahay, mase isticmaali jirin qabiilka, taas ayaana keentay in aan iska raacay hablihii aan garanayey ee aan jidka isku soo barannay, safarka dheerna aan soo wada galnay.

"Markaan soo raacay gadhihii, waxaan fariisannay baar aan cunto ka cuneyney, inkastoo gadaal dambe aan ka ogaadey in raggii soo doonay hablaha ay ahaayeen rag guur-doon ah, maadaama ay halkaasi ku yaraayeen hablaha madax-bannaanka ah. Annagoo weli cuntadii wadna ayaa waxa irridka kasoo galay wiil dhallinyaro ah oo baafinayaa haybteyda ama qabiilkeyga oo leh kuna dhawaaqaya 'gabadha reerkaas ah aaway?'. Waan yaabay, uma aanan jawaabin illaa ay gacanta igu soo fiiqeen dadkii ila joogey, si degdeg ah ayuuna iigu yiri 'soo bax.'Waan istaagey, anigoo yaabbaan baan raacay, waxaanan iskula hadlayey 'armuu ku dhacaa, ama ku afduubtaa, xagee buu kuu wadaa.'

"Anigoo naxsan oo aanan aaminsanayn baan iska soo daba galay. Xoogaa markaan soconay ayuu i tusay haweeney meel innagu sugeysey oo intey na salaantay hore noo sii kaxaysay. Waxaa la i geeyey meel aan ku nasto, waxaana igu soo yaacay wiilal badan oo qabiilkeyga ah. Si wanaagsan ayaa la ii soo dhoweeyey, isla markaana waxaa si aan lala daahin farta la iiga saaray xaaladadda dhabta ah ee dalkaas. Waxaa la iiga digey in aan la hadlo nimanka kale ee dalkaa ku nool, taasoo la iigu macneeyey in aan ceeb usoo jiidayo qabiilka.

"Anigoo yaabban, weligeyna ahaa shaqsi xor ah oo aan shuruudahaas aqoon ayaa la ii sheegay misana in aanan cidna la hadlin oo aanan gurigaba kasoo bixin. Mar kale ayaan naxay illeyn waxaan goobtaa u imid in aan ka sii dhoofee. "Ma in guri la igu hayaan u imid?" ayaan ku gunuunacay, waxaase la iigu sii xijiyey in uu jiro nin ii sii dhow qabiil ahaan oo deggan gobol la yiraahdo Sirta oo ah gobolka uu ku dhashay Madaxweynaha dalkaas, Mucamar Alqadaafi. Waxaa la igu wargeliyey in tikit la ii jarayo oo la ii dirayo Sirta. Waan ogolaaday, anigoo misana aan dooneyn in aan caasimadda ka fogaado si aan layn bixid ah uga helo, waxayse ahayd qaboobe, waxaana la baxaa oo badda la maraa kulaylaha.

"Waxaan iska goostay in aan aado Sirta. Waxaa la ii jaray tikit, baasaboor Soomaali ahna waa la ii raadiyey, si aan ugu galo gobolkaas, maadaama aan gobolkaas la geli karin sharci la'aan. Dhinac marka laga eego, waan ku faraxsanaa in aan baxo? Maxaa yeelay aad baan u dhibsaday la joogidda qabiilka iyo wiilasha qabiilka ah, waxaan dareensanaa in ay aniga uun hawl iga dhigteen, iyagoo mar kasta iga dhigayey sida qof aan xoraysnayn oo loo taliyo.

"Subax baa la igu soo daray wiil dhallinyaro ah oo lagula soo dardaarmay in uu ii geeyo reerkaas aan qaraabada ahayn.Wiilkii baa bas ila soo raacay. Safar kale oo fog kaddib, habeen fiid ah ayaan nimid Sirta,waxaana la ii geeyey reer aan is aqoonsannay markaan is waraysannay. Haweeneyda reerku waxay markaa ka timid Masar oo ay u tagtay in ay ka hesho dib-u-dejin dalka Maraykanka ah, horena waxay u degganeyd Sirta. Markii ay iska soo qortay dib-u-dejinta Mareykanka oo ay UNHCR maamusho ayey dib ugu soo laabatay deegaankeedii. Aniga iyo iyada waxaan ka sheekeysannay safarradeedii iyadoo iiga sheekeysey safar ay ku tagtay illaa Marooko.

"Xaawo waxay in badan degganeyd dalka Liibiya, waxaana ku qabey nin ka shaqeeya shirkad wanaagsan oo ku filnaa biilka reerkiisa, Ilaahayna wuxuu siiyey laba caruur ah oo ku noolaa nolol wanaagsan, laakiin kama fadhiyi kareyn qaylada iyo canaanta uga imanaysey waalidkeed, reerkeeda iyo inta ay taqaan, iyagoo ku lahaa 'maxaad meesha ku dhigay, facaa Yurub bay galeen, maxaa meesha ka qabanaysaa, ma hoggaankaa kuugu go'ay, maxaa jira iwm'. Marna ma ayan eegeyn nolosha wanaagsan ee ay ku nooshahay, balse waxa la eegayey dadkii kale ee galay Yurub. Nolosha ay ku noolayd haweeneydaas waan kuu xaqiijin karaa in aysan u dhoweyn nolosha Yurub oo ay ka wanaagsanayd, balse markii ay u adkaysan weydey canaanta meel kasta uga imanaysey, loona ekeysiiyey in ay tahay qof ay wax u dhiman yihiin, bulshadii oo dhanna ay isku raacday in ay sumcaddeeda ku jirto in ay Yurub gasho sidii ay doontaba ha ku tagtee, waxay Xaawo maalin kasta weydiineysey ninkeeda in uu fasaxo. Xaawo waa ay ka maqli weydey ninkeeda hadduu xittaa ku yiri "lacag nagu filan waan haysannaa, nolosheenuna waa mid iska fiican ee ka warran haddii aan iska sugno intii aan ka heleyno wax la hubo ama mukhalas na qaada. Laakiin, waa la soo marsiin waayey Xaawo arrinkaas illaa ay dadkii weydiisey halka uu laynku ka jiro.

"Maalmahaa waxaa furnaa oo uu layn ka jirey waddada dheer ee ka billaabata Tunis illaa iyo Marooko oo laga sii gelayey Spain, taasoo dadkoo dhan ay isla dhex qaadayeen, qofkii yiraahda 'anigaa tijaabinayana' loo arkayey geesi sumcad bulsheed leh. Xaawo bulshadii waxay ku qasbeen in ay qaadato go'aan ku wajahan waddadaas, waxayna isku diyaarisay in ay waddadaas marto oo ay halkaas Yurub kasoo gasho. Sidii halgamaa xoreeyey dal dhan ayey bulshadii sacab iyo duco isugu soo dareen, saygeeda oo aan awoodin in uu diro xaaskiisa iyo caruurteeda ayaa raadiyey nin ku wehliya socodka oo uu ka bixiyo nooliga socdaalka, kaasoo ka kaxeeyey magaalada Sirta oo ah iyadu magaalo sharciyan adag oo qofka soo gelaya iyo qofka ka baxayaba laga doonayo inuu wato sharci, waana ay ka yara adag tahay caasimadda Tripoli, maadaama ay tahay meesha uu ku dhashay Madaxweynaha dalka oo reerihiisa deggan yihiin, loona ilaaliyo si adag.

"Xaawo waxay lahayd baasaboor Soomaali ah oo ay ku degganeyd dalka, iyo baasaboor Jabuutiyaan ah oo loo iibiyey, kaasoo ahaa kii ay ku tagtay Masar oo in badan lagu gelayey baasaboorka Jabuuti oo ahaa fiiso (dal-ku-gal) la'aan, laakiin aakhirkii ay askarta xuddduudka ilaalisa fahmeen ujeeddada ka dambaysa dadka ku soo qulqulaya Masar ee ka imanaya Liibiya in ay ahayd in ay iska soo qoraan dib-u-dejinta Mareykanka, baasaboorkana aysan lahayn oo ay iibsadaan, iyadoo hal baasaboorna ay tobaneeyo ruux kusoo wada galaan.

"Kaddib markii ay sheekadii baasaboorkaasi qaraxdey, laynkaasina uu gubtay, Xaawa waxay soo qaadatay baasaboorkeedii Soomaaliga ahaa oo uu halkaa uga kaxeeyey wiilkii loogu soo daray wehel ahaanta waxayna gaari kasoo qaateen Tripoli.

Siligga Marooko iyo Isbeyn (Spain)

"Xaawo oo sheekadeedii oo dhan iiga sheekeysayna, waxay iigu billowday sidan:

'Nasrooy Safarka lagu tago Tuuniisiya, iyadoo looga sii gudbayo Aljeeriya illaa Marooko, kaddibna lagu tago meel la yiraahdo SILIGGA oo u dhaxaysa xudduudka Marooko iyo Spain, wuxuu billoowday waqti aad u fog, waxaana inta badan jidkaas aad u mari jirey dad kala duwan, tiradoodase ay aad u yarayd, dadkaasoo ka lugayn jirey xadduudka Marooko, iyagoo lug ku dhaafaya buuraha dhaadheer illaa ay gaaraan Silliga oo markii laga boodo aad ku jirto xadduudka Spain.

'Siligga oo ku dhex yaal badda kala barta labadaasi dal, waxaa ay Soomaalidu ka war heshay laynkaas sanadkii 1996kii, markaasoo 800 qof oo Soomaali ah ay ka tageen Liibiya, kaddib markii ay ka waayeen nolol wanaagsan iyo wax arxan ah dowladda Liibiya, iyagoo hooy la'aan darteed seexan jirey meelaha beeraha ah, weliba xilliyada qaboobaha darran uu jiro, isla markaana ahaa kuwii bixiyey magaca 'beertuu ku jiraa', kaasoo ku yimid markii ay dadkaa beerta lagu nasto dhexdeeda jiif iyo nolol ay u noqotay.

'Dalkaas shaqo kama jirin, markii laga reebo dhaqidda gawaarida iyo joornaalada la iibiyo oo mar mar haddii ay ku qabtaan askarta Liibiya ay garaaci jireen Soomaalida shaqadaas qaban jirtey. Soomaalidu waxay ku noolaayeen nolol adoonsi ah oo dhib badan, kuna salaysnayd **'Liibiga u yeel wuxuu rabo, haddii kale waxaad mudan ciqaab'.**

'Beerta ay seexan jireen Soomaalidu waxay ku tiil kasoo horjeedka Hoteelka weyn ee Al-Kabiir. Soomaalida iyagoo sidaa u dhibaataysan ayaa mar kale sanadihii 1994 -95tii waxaa Liibiya kusoo aruuray dad badan oo Soomaaliyeed, kaddib markii ay maqleen in looga sii gudbo Talyaaniga. Kooxdii hore iyo kuwii dambaba markii ay cariirigii u adkaysan waayeen bay dalkaas isaga carareen, waxayna is tubeen xudduudka Tuuniisiya, iyagoo ku fekerayey in adduunweynuhu arki doono, kaddibna u qaadi doono dalalka ay ka midka yihiin Kanada ama Maraykanka, laakiin ma jirin cid eegtay xaladdooda, marka laga reebo wada-hadal dhex maray dowladda Tuunisiya iyo tan Liibiya, iyadoo markii dambe dadkii loo soo daad gureeyey gobolka xudduudka u ah Suudaan iyo Liibiya ee la yiraahdo Kufra.

'Qaxootigaas waxaa la damacsanaa in loo soo dhoofiyo dalka Suudaan, kaddib markii laga war helay in ay markoodii hore kasoo galeen, hase yeeshee Suudaan waa ay diidday in lagu soo celiyo dadkaa Soomaaliyeed.

"Waxay dani dhaafi weyday in Soomaalidii halkaas lagu xannibo ku dhowaad seddex biilood, kaddibna sanadkii 1995$_{kii}$ dib loogu soo celiyo caasimadda Liibiya ee Tripoli, waxayna halkaasi kula kulmeen xarig joogta ah. Qaar ayaa iskood u go'aansaday in ay mar kale dib u maraan Saxarahii lama-degaanka ee dhibka badnaa, dibna ugu noqdaan Soomaaliya, halka qaar aan anigu ku jirey ay mar kale usoo tahriibeen xaggaa iyo Marooko.

'Dalal shisheeye ayaan sharci la'aan ku dhex soconnay, waxaan ku jirney in aan maalintii dhuumanno, habeenkiina lugayno, waxaan mari jirney saxaraha, mar marna waxaan ku leexan jirney meelo ay biyo fariisteen oo aanan ka warqabin xitaa in ay na liqi karaan, waxaan hore u watay labadaydii wiil, mid waxaa ii wadey wiilkii la igu soo daray, midna anigaa watey.

'Waxaan ku jirno socod aan dhammaan oo marmar ilmahaygu ay ka go'ayeen caanaha, mar marna annagoo wadna intey ooyaan aan afka ka qabanno, innagoo ka baqayney in ay askari na qabato, waxaan baday ilmahayga saxariir iyo silic, waxaa iga guuxayey oo keliya tiro 300 oo qof ah oo galay Yurub, iyagoo sii maray waddadaas, aniguna waxaan ku haminayey in aan maro halkaas, kuna guuleysto. Iima muuqan dhibaatada weyn ee aniga iyo caruurteyda na haysatey. Mar mar sidaan u socdo ayuu korku i bararayey, markaasaan istaagga ka dhici jirey. Aakhirkii waxaan ka lunnay jidkii aan ku soconay, waxaanan ku dhacnay Niger.

'Mar kale ayaan isku daynay in aan Marooko nimaanno, nasiib xumase waxaa kala dhunay aniga iyo wiilkii wadey cunugeyga, waxaanan isku soo harnay aniga iyo hal wiil waxaa ii billowday welwel hor leh, iyadoo cunugeygii aanan meelna ku sheegin. Waxaan socodkii soo hayaba, waxaan soo galay markii dambe Marooko, anigoo aan gacanta ku hayn wiilkaygii iyo wiilki wadey midna. Markaan soo galay Marooko ayaan tegey siliggii, anigoo ka fekeraya wiilkii aan dhalay.

'Siliggii laga gudbi jirey markii ay Soomaalidii si durdur ah u gashay oo ay halmar gudbeen 300 qof ayaa laga war heley, waxaana lagu xirey koronto dadka qabata oo disha. Xal lama waayee, Soomaalidu waxay lacag siin jireen niman Nayjeeriyaan ah (Nigerian), oo dhaadheer, oo xoog leh, dadkana kor uga tuura siligga. Sidii cambe ayaa la isu tuurayey. Markii aan halkii tegey, waa la i tuuri waayey culayska jirkayga awgii.

'Markaan waayey laynkii, waxaan si sharci darro ah isaga degey Marooko illaa markii dambe anigoo Siligga layn ka raajicinaya oo raadinaya qof xoog badan oo i qaadi kara ay askartii Marooko igu qabatay, dabadeedna xabsiga la i dhaadhiciyey. Ciqaab badan kaddib, waxaan iska sheegay in aan ka imid Liibiya, mar kale ayaana dib la iigu soo celiyey Liibiya, halkaasoo aan kula kulmay wiilkeygii iyo kii wadey oo iyana dib loo soo celiyey.'

"Markii aan xoogaa la joogey reerkii, sheekadiina ay naga dhammaatay saan iskula qosleyney, marna u yaabbanaa ayey i kaxeeyeen wiilkii aan ku socdey, iina keenen, markaan gurigii iridka ka galanay waxaa isoo dhaweeyey haweeneydii reerka wiilkii aan isku qabiilka ahayn waxaan ka waayay waji furan anigoo go'aansaday inaan iskaga tago meeshaas maxaa yeelay waxaan u adkaysan waayay wiilka qabiilkeyga ah, sida foosha xun ee uu ula dhaqmo xaaskiisa markuu dhowr jeer anigoo arkaaya ceeji ku dhagay, ayaa bini'aadanimada darteed u adkaysan kari waayay si gabartaas dhibta haystaa aysan indheheygu u arag, waana iskaga cararay, una tagay reer kale oo isoo dhaweeyey, kadibna ii jaray tikid aan dib ugu soo laabatay Tripoli, meel meel dhaanta ma leh qurbee, waxaan imid gurigii xukunka uu iiga horeeyey iyo wiilashii aan shaqada u ahaa ee aniga un i wardiyeyney iyo haweeney uu qabey mid ka mid ah wiilasha oo nolosha iu cariirisey imidna gurigii ugu horeeyey ee aan Tripoli kaga soo dagey waxaa ka noqday gabar laga dhigey shaqaale guri

"Maalinba maalinta ka dambaysa, waxaan sii baranayey dad badan oo kulligood ay halhays u ahaan jirtey *Jamaahiiriyaa la yiraah, la isuma joojiyo* (Jamaahiiriya waa magaca dalka Liibiya), waxayna ahayd meel dadku si gaar ah ahmiyad u siiyaan qabiilka. Markaan muddo dhawr biilood ah la joogey reerkii aan kusoo degey, waxaan markii dambe guri la ijaartay lagaba gabdhood oo dhallinyaro ah, xoogaase iga da' weynaa, si aan u noqdo qof xor ah oo magaaladii kala baratay. Gabdhahaas qudhoodu sideyda oo kale bay dhoof-doon ahaayeen, sheyga keliya ee aan wadaagno wuxuu ahaa Layn iyo meeshii lagu sheego.

"Mudadii aan qolkaas wada degganey aniga iyo gabdhahaas, mid ka mid ah gabdhihii ayaa si deg deg ah ku heshay Layn, una dhooftay dalka Austeria. Aniga iyo gabadhii kale ayaa qolkii kusoo harnay, ijaarkana waan wada baxsan jirney. Qolkaas waxaan ka ijaarannay nin iyo naag xaas ah oo gurigaas uu ijaarnaa, inkastoo aan dhib badan ku qabi jirey sidii aan isu fahmi lahayn naagta aan guriga kasii ijaartey, mase garanayn waddo kale. Is-fahmiwagaaas waxaa keenay kala duwanaanta dhaqanka iyo deegaanka, dan baase ii jillaabtey in aan adkaysto.

"Ugu dambayntii, gabadhii kale ayaa iyana si degdeg ah iiga guurtey, halkaasoo aan ku keli noqday qolkii iyo kiradiisii oo ahayd 50 dollar bishii. Ma jirin cid aan dhaqaale ka filayey. Waxaan dibedda ku lahaa ilmo adeero badan oo ii jaray hoggaanka iyo habar yartey hooyadey la dhalatay oo aan iyana marna ii soo juuqin. Inkastoo aan ahaa shaqsi ku quusqaatay intii silic ahayd oo aaminsan Ilaahay in uu dhammaystirayo inta harsan, anigoo xasuusnaa in aan soo maray marxalado kala duwan, waxaa ii muuqanayey rajooyin badan, waxaanan iska ahaa ruux aaminsan in uu wanaag u dambeyn doono, runtiise waan ka ciishoonaa in ay hoggaanka ii jareen ilmo adeertey, maadaama ay meeshaasi ahayd meel ilmo adeer iska daayee ay beel beel ama qabiil dadku isku caawinayeen.

"Waxaan caloosha uga ciil cunay habaryartey, inkastoon ku dheeraaneyn qaybtaan, misana waxaan jeclahay in aan xuso tix aan ka tiriyey goor habeen ah bisha June oo dadkoo dhan ay haysteen lacagahooda oo la billaabay layn ama fursad Austeria ah. Tixdaas oo aan kula hadlayey habaryartey, kaddib markii ay dadkii igula kaftameen 'war beenaad sheegee, habaryarta maaha, hadii ay tahay meeshaan Jamaahiiriya jahanama kuguma cidlayseen, kaagama aamusteen iwm'. Inkastoon hadda ka xumahay, habaryarteey aan jeclahay in ay aragto tixdani, haddana, dani seeto weeyaane, kama reebi karayo:

Hoyaalayeey, hoheey, hobeey, waa heesaha ciilka
Hodan baan ahoo, maansada loo hibeeyey
Hadal baana ii hantiyee, hagaag ii dhageyso
Waa ii habaryar, waana ii hooyo
Halahaan la ekahayna, bar iyadaa i haysey
Habeen qura kuma seexan iyo maalin toona
In ay hoggaanka ii jaraysooy, cidlada iiga harayso
Weliba howd jiq ahoo, hororka looga baqoodo
Hoohaan ka sugaayay, hiilo warkeedba daaye
Hagar kamaan filayn iyo hadalkey quursataye
Markaan haatufka u direy bey, been igu soo huftayee
Haddey wax hayn xattaa, runtaa igu haboonaydee
Dadkaa la hanfariirey, wasaqdey igu halaysaye
Hooyo cunugeed, habeen mugdi ah sii deeyseey ugu horreysaaye
Soomaali hadalkeed, isma hurtooy ha is hallayn, horeey ugu maahdaye
Hagaag iyo waxaan lahaa, wayba kula haadi doontaa
Farxad bey kuu hambalyeyn, qosol bey kuu hibeyn
Hud-hud bay kuusoo diri, halkey joogto ku gayne
Ileyn hubsiimaa la yiri hal baa la siistaaye
H'da inaan ku ooyaa hagarteedaa ii gaysaye
Hoos baan ka sugaayey iyo har qaboobe
Caano haruub lagu lisey iyo hiinta subagga
Caanahaan moodey in ay igu habaysaaye
Ileyn hubsiimaa la yiri hal baa la siistaye

Ileyn hubsiimaa la yiri hal baa la siistaye
Mar uu halbowlaha i go'ay, oo dhiigeyga hoobtay
Baan ka toosay hurdadii dheereyde
Hooheey halkee layga jiraa, hore mise gadaal
Hal mar ku hadaaqay, sidii ilmo hadal- barade
Iyadaa loogu heesaa in ay awlaadeeda hoojisee
Habaryarteey waa goroyo, haadey ii loogtaye
Habaryar waa hooyo aan naas lahayn, aniga iima hubbanee
Nimuu Alla u hagaajaa yiri weertaa halistiyo halka xun abaartaahe
Samirkaase habboonoo, dadaal lagu hagoogaaye
Anna hal daqiiqo uma sii hakan doonee
Mase hilmaamo tani, waa ii higaad iyo qibradaan harayne
Allow howshaan wadaa igu guulee aan hawada sare gaaree.

"Tixdan anigoo ilmaynaya baan marinayey ama ku ooyayey, kaddib markey hal mar isla nuuxsatay magaaladii Tripoli, iyadoo dadkiiyoo dhan u jihaysteen in la isku wada diyaariyo laynkaas cusub ee Austeria lagu galayey, anigase lacagta aan haystey markaas iima goynayn laynkaas. Wehel waxaan ka dhigtay, lana saaxiibay calaacal iyo in aan guriga hoosta isaga xiro, waxaan ka maseyrayey asaagey oo wada dhoofaya, iyadoo la leeyahay 'waa la baxaa berri, waa la socdaa' ayaan anigu kaalmo ka dhigtay suugaanta. Anigoo is-ciil-kaambinaya waxaan ku ooyey:

Umaan dhafrin habeenno, maansadaan dh'layda ah
Hore umaan dhiginoo, dhaxtaal iyo umaan yeelin, kooro xaadda dhaqaajin
Waase suugaan dheeroo, murtiyi ku dheehan tahay
Dhagaysoo maqal oo dhowr gunteeda
Korkayga markii lagu dhoofaa, hadalkiiba igu dhagey
Sidii dhagoole meel hurdaa, markaan dhaqaaqi kari waayey
Markaan sidii layli dhaan wada, marba dhan u liicay, dheeliyoo dhulkaba galay
Dhurwaa anoo ka ordaayaa, markaan dhacayoo kufay
Dhaawac intuu i gaaray, dhaqtarna aanba waayey
Naftaydii dhibboonayd, markay dhagax u yeeratay
Dhagihii uu is tiroo, uba soo dhaqaaqin
markaan dhafoorka ku dhagoo, runtaba ku dhaygagay
Dhaayihi ilmeeyeen, anoo is dhex yaacay, markaan Dh'da ku heesay
Markaan dhiiqiyo galay ciid, oon ku dhacay god dheeroon cidi dhaafi karaynin
Biilna ii dhignaynoo,waalidkey cidlo igu dhaafoo dhagar iigu deeqay
Dheeraatay wadadiyoo, doontii dhaqaaqi wayday
Baddii dhaafi waayoo, doolarkiina ku dhegay
Airoport dhaafin iyo biimo ku dhiirran waayey

Reerna ii dhisnaynoo, ilmana aan dhalaynin
Intaasoo dhiillo ah, markaan dhexda u galay
Yaan ku dhaartay inaan dhabar adaygaa.

"Tixdan waxaan in badan uga hadlayey sida aan u heli waayey fursadda ay dad badan korkeyga ku dhoofeen iyo in aan xoogaaga yar ee aan haystey aan ku dhiirran waayey in aan geliyo shul ama shal, waxaan ku jiifey in aysan cidi iga dambeyn, islamarkaana laymanka xilligaa jirey ay ahaayeen kuwo garoonka diyaaradaha lagaaga soo dhammaynayo in aad gudubto, kaddibna Austeria lagu tegeyo, diyaaraddana la raacayo iyadoo la leeyahey waxaan u socdaa Malaysia oo baasaboorka Soomaaliga ah laga aqoonsanaa, kaddibna inta lagu hakado Austeria (transit), lana dhuunto, halkaas la iska dhiibayey.

"Sidoo kale, waxaa iyana tixdan kaga hadlay in doomihii la waayey, maadaama aan kusoo beegmay Tripoli xilli qaboobe ah oo aysan doon baxayn, waxaanan kaga hadlayey in aan xitaa Baddii dhaafi waayey. Waxaan xusuustaa in maalin kasta intaan badda soo hor istaago aan ku oran jirey 'bad yahay maad naga hor leexatid'. Waxaan ogahay in aan maalin habaaray Badda, Ilaahayna uga tuugay in ay baddu noqoto carro aan si fudud Yurub uga geli karno, balse Ilaahay isagaa wax kasta naga og oo wuxuu ugu gartay in ay Bad noqoto ayaa meesha ku jirtey, bilahaasise waxay aniga ii ahaayeen bilo calaacal, bilo oooyin, iyo bilo murugo.

Baddii Geerida (Maditerranean)

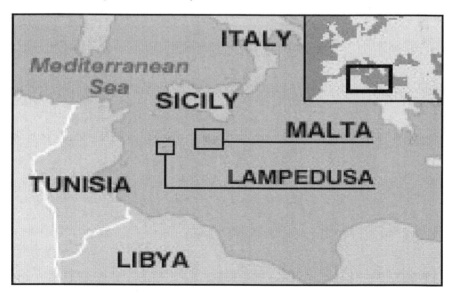

"Habeen tariikhda iiga duwan ayey soo yeertey 'waa la xeroonayaa... waa la xeroonayaa...' oo la micno ahayd markii la sheego in ay jirto doon loo qorshaynayo in ay u baxdo Talyaaniga oo ay dad Soomaali iyo Liibiyan ahi ku soo heshiiyeen in ay raraan ayey aalaaba dhici jirtey in ay dadka ku ballamiyaan gobol ka mid ah gobollada dalka Liibiya, haba u badnaadeen gobollada u dhow dhow xadka Tuuniisiya ee kala ah Sabaraato, Suwaara, iyo kuwo kale.

"Aniga iyo dad aan ku jirey waxaan ahayn dadka lagula kaftamo 'Heeganka' oo isaga diyaarsanaa in ay u xeroodaan doon kasta oo la sheego in ay dhaqaaqayso. Mar mar waxaa dhici jirtey sidaan ugu jirno guri xabsi oo kale ah oo aan la ogolayn in la socsocdo, si aysan askartu noo arkin, in ay nagu oran jireen 'Doon ma jirto been bay ahayd', ama habeennada qaarkood intey askari na soo ogaato in dariishadaha laga kala baxo. 'Ninboow naftaa, Nebiyoow ummadaa' ayaa ka dhacda goobta, ama in lagu kala cararo oo lagu kala dhaco lacagta inta dadka masaakiinta ah lacagtooda laga hormarsado, kaddibna loo jaro. Maxaan ku arkay Tripoli gabdho masaakiin ah oo inta lacagta lagala dhuuntay, meeshaas uu hoggaanku ugu go'ay, tabartuna dhaafin weydey in ay is-dhiibaan oo nin isna meshaas hoggaanka ugu go'ay iska guursadeen. Imisa dallaal ayaa u diyaarsan in ay afka u dhigtaan lacag waalid miskiin ah ay cunuggooda usoo direen ama ay dhulkii ay ku noolaayeen ama gurigoodii usoo iibsheen.

"Hadalka aan yareeyee, waxaan daalno oo habeenba aan hoy xabsi oo kale ah marti u ahaanaba, habeen baa nala keenay guri ku yaal Suwaara oo ay degganaayeen laba wiil oo Soomaali ah, halkaana in badan ku noolaa, uuna uga furna harqaan dharka lagu tolo. Doon ayaa halkaa ka baxaysey, waxaa kaxaysanayey nin Soomaaliyeed, waxaana rarayey dad Soomaali iyo Liibiyaan iskugu jirey. Waxaan ahaa gabadha keliya ee halkaa u joogtey in ay doontaas raacdo, markii dambase waxaan ka war helay hadal i niyad jabiyey oo ahaa 'Gabdho ma qaadayno', darawalkii doonta ayaase igu dhegey oo igu qanciyey in uusan marna iga tegeyn. Sidii tiiyoo jannadii Fardowsa la iga celinayo ayaan walbahaarey. Darawalkii doontu wuxuu sidoo kale niyadda iigu dhisay xitaa haddii gabdho la diido in uu ii xiiri doono timaha, dharka raggana ii gelin doono, wiil ahaanna igu saari doono doonta. Anigoo ku farxay taladaas ayey wiilashii doonta rarayey igu yiraahdeen 'Iska soo raac.'

"Habeennimadii xigtey ayaa la ii keenay haweeney iyo gabarteeda, oo ay wadeen dadkii wax ka rarayey doonta, waxaanan dhammaanteen soo wada baxnay habeenkii saq dhexe, iyadoo nala ku ridey qaboojiyaha lagu kaydiyo kalluunka, korkana naloo kaga qufuley. Dhacdadaas haddii aan soo xusuusto, waxaan dib uga naxaa khatarta aan u bareernay, waxaana xitaa suuragal ahayd intey lacagta naga qaatan, annagana nooga dhex tagaan qaboojiyaha, halkaasna aan ku dhimanno. Namase aysan yeelin sidaase, waxa ay na geeyeen badda agteeda, saacad ka yar kadibna waxaa noo yimid Laash la yiri ha la raaco. Inta saf nala geliyey ayaa nala yiri nin walboow u tag Laashka oo yiil meel biyaha baddu qoortaada dhaafi karaan. Aniga nasiib xumo dabaal ma aqoon, hadba qof ayaan weydiisanayey in ay i saarto Laashka iyo doonta, aaminkana waan ku qabi waayey cid kale, sababtoo ah qof walba waxay ka ahayd adiga ugu horree. Markaan isha saaray Laashkii ayaan orod isa sii daayey, wiil dhallinyaro ah oo sii ordayey ayaan dhabarka ka qabsaday, kuna iri 'i saar laashka ama waan isla haraynaa'. Wiilkii oo ka baqay in aan la haro ayaa i jiiday, markiise aan Laashka usoo dhowaadey ayaan kori waayey, culayska jirkayga awgii, waxaanan gacanta u taagey nin Carab ah oo aan ku iri 'i saacid walaal.' Carabkii intuu gacanta i qabtay ayuu igu tuuray laashkii, wax yar dabadeedna waxaa soo wada koray dadkii oo dhan. Waxaa halkaa ka billowday buuq badan oo u badna 'war ha iga tagin , i jiid, i saar, i riix iwm'.

"Intaas kaddib, waxaan u nimid oo aan kornay doontii oo ahayd mid aad u yar oo ah nooca lagu kulluumaysto. Waxaan ka fariistay meel gees ah, welwelka iigu badnaa ee i hayey wuxuu ahaa dabaal ma aqoonin, anigoo naxsan baa wiil igu yiri 'hoos waxa ku yaal qol yar ee gal. Qolkii ayaan kusoo gurguurtey, biyaha badda in aan arko ma doonayn, anigoo ka baqayey in aan ku dhex dhaco, doontana waa ay boodboodeysey. Markaan qolkii galay, aragtida baddana aan ka qarshey indhahayga, waxaa isoo weeraray hunqaaco aan kala istaagayn, waanan suuxay sidaan u matagayey, waxaan gabay dhaqaaqii. Darawalkii doonta oo si gaar ah iiga taxadarayey ayaa ii keeney gasac Coco cola ah. Markaan sharaabkii cabey ayaan ku nafisey.

"Si kastaba ha ahaate, raaxo badan meesha kama jirin oo hadba meel baa la iska haystaaye, dadku waxay isaga kaadinayeen doonta dhexdeeda illeyn musqul iyo edebdarro ma jirine. Matagga, kaadida, wasaqda, iyo wax kasta waa is dhex yaacayeen, aniga iyo koox aan ka mid ahaa waxaan billownay doonta gudaheeda biyo soo galay in aan ka dhurno oo aan baaldi ku dhaaminno, una sii dhiibno kooxda kor saaran, si ay usii daadiyaan. Dadka qaarkood waa ay iska yaqaaneen tahriibta doomaha oo waxba lama uusan ahayn safarkaas, waa ay ku faraxsanaayeen, inkastoo laba maalin iyo laba habeen kaddib ay timid murugo loo wada sinnaa, kaddib markii ay badda nagu kacday oo ay mawjadihii si waalan nooga kor yimaadeen.

"Sida la ogyahay, Badda Mediterranean waxay ka mid tahay badaha ugu deggan xilliga kulaylaha, uguna mawjadaha badan xilliga qaboobaha, annagana xilligii aan soconey wuxuu ahaa qaboobe bisha Oktoobar ah. Mawjadaha kacayey haddii aad arki lahayd waxaad daboolan lahayd indhahaaga. Habeenkaas waxaa noo muuqatay geeri, waxaan ka samarnay nafta, waxaan isku dhiibnay malakumoodka, waxaa soo jabayey hirar aad mooddo buuro sida ay u waaweyn yihiin, hal mar ayaan bannaanka madaxa usoo saaray oo aan eegay, waana ka quustay noloshii oo dhan. Halkaas mar waxay igu noqotay hal mar oo aan weligey illaawi waayey, waxay i nacsiisay biyo oo dhan, waxaase iigu yaab badnaa markaan arkay raggii noloshooda oo dhan tahriibka ku dhex jirey ee geesiyaasha ahaa, isla markaana doonta ay u ahayd safar dalxiis oo kale ah, aadna ugu faraxsanaa oo wada suuxay. Waxaa kale oo aan arkay iyagoo qaar kalena ka tufanaya biyaha badda tahliil, qof kastana loo kabbinayo, laguna leeyahay 'cab tahliisha, waa markii kuugu dambeysey, iskuna diyaari geeri iyo in aan laga badbaadeyn mawjadahan', waxaase kasii darnaa darawalkii doonta oo intuu quustay istaajiyey doontii oo dhan, soona dhex galay dadkii, isagoo leh 'waa la dhimanayaa, doontana waan istaajiyey, qofna ilama hadli karo.' Muran dheer kaddib, waxaa darawalkii doonta lagula taliyey in uu dib noo celiyo oo uu nagu celiyo meel aan kusoo dhaafnay nalal iftiimayey, halkaasoo aan ku qiyaasnay in ay ahayd xarun shidaal oo ay badda ku dhex leedahay dowladda Liibiya oo iyadu dhawr jeer oo hore qabatay dad badan oo sideenna oo kale ku safrayey doon tuugannimo ah, oo intey dowladda Liibiya u gudbiyeen la xirxiray, xabsiyadana loo dhaadhiciyey.

"Xabsiyada Liibiya waa meel ragga laga garaaco meelaha muhimka u ah, haweenkana lagu jir-xumeeyo, markaanse aragnay mowjadaha waxaan doorbidnay xabsiga Liibiya intaan ku maashoon lahayn badda, waxaana lagu faataxaystay in la isku dhiibo dowladda Liibiya xabsigeeda, dib ayaanan usoo shiraacanay.

"Waxaan muddo soo soconno oo aan cabsi iyo wadno-kurkur ku jirnaba, waxaan soo gaarney nalalkii aan arkeyney, inyar kaddibna waxaan helnay xeeb yar. Xeebtii ayaan isku daadinnay markaan arki weyney wax askar ah, waxaanan is niri halka aad timaadeen malaha waa jasiiradda Malta oo iyada nafteeda aan rabney haddii aan weyno Talyaaniga, sababtoo ah waa ay ka nolol roonayd Liibiya, dabaysha Yurubna waa ay ka udgeysey, waxay ku tiil badda bartamaheeda, inkastoo iyana ay ahayd mar kale tahriib usoo aad Yurub. Markaan dhammaanteen ku soo daadannay xeebtii, waxaan billownay in aan jajabinno doontii aan saarnayn. Halkaa waxaa ka cad in aan ahayn jar-iska-xoor, maxaa yeelay annagoo aan ogeyn halka aan joogno ayaan doontii ku billownay in aan jajabinno.

"Jajebintii doonta kaddib, waxaan aragnay in meesha aan joognaa si loo tago ay ka horeyso buur dheer oo wada caarad miiran ah oo caaraddaasna ay ku mudeyso. Dhaammaanteen waxaan ahayn caga-caddaan, wax kabo ah ma wadan, kabaheenii biyihii doonta soo galayey ayaa kob walba meel ku tuuray. Aniga waanba ugu sii darnaa oo jaakad aan qabowga ka xirto xitaa ma wadan, waxaa igu soo dilay meesha qabow aan markii hore dareemin, jaakadda ii xirnayd oo uu i siiyey wiil Soomaali ah waxay ahayd nooca aan biyaha celin, biyihii badda intaan soo socdey ayey kasoo dheregtey oo wada qoydey. Ma dareensanayn dhaxanta illaa aan kasoo degey doonta. Waan socon kari waayey, lugahaygii ayaa shaqo gabay, iyadoo weliba la iska rabey in la fuulo buurta dheer oo wada caaradda ah. Kaddib makii aansocon waayey, laba wiil ayaa garbaha i qabtay, buurtiina waxaan kusoo fuulay gurguurad iyo gacmo qabad. Markaan kasoo degney buurtii ayaa wiilal nala socdey ku qayliyeen 'waxaan joognaa Talyaaniga, calankii Talyaaniga waa kaa ee eega'. Markii aan calankii eegnay waxaa noo caddaatay in aan soo caga dhiganay jasiiradda Lampedusa ee dalka Talyaaniga.

Lampedusa

"8dii oktoobar, maalin aanan xusuusan ayaanka ay ahayd, waxaan soo caga dhiganay Jaziiradda Lampedusa ee dalka Talyaaniga oo uu qabow darran ka jirey. Annagoo caga cad oo raadineyna meel aan ka galno qabowga ayaa dhallinyarada qaarkood soo jeediyeen in aan garaacno albaabka kaniisad meesha ku tiil, taasoo sidaan u garcaacaynay nalaka furi waayey. Annagoo yaabban ayaan mar kale isku daynay in aan istaajinno dad laamiga ku marayey mootooyin oo diidey in ay noo istaagaan, laakiin waxay noogu yeereen booliska Lampedusa oo ay usoo sheegeen in ay kaniisadda hor tuban yihiin ka badan 50 qof oo wada madow.

"Askartii oo duullaan ah ayaa noogu yimid meeshii, waxayna na geeyeen xero ay askartu degganaayeen oo aan sidaa uga fogeyn, waxayna na siiyeen dhar aan ku beddelanno dharkii aan xirnayn iyo cunto aanan markaa garanayn oo ku jirtey gasacado. Booliisku waxay naga qaadeen alaabtii aan wadaney oo dhan. Hurdo, qabow, iyo daal badan oo aan qabnay awgii, waxaan seexannay hurdo aan u maleeyey in aan hurdeyney laba habeen iyo laba maalin illaa ugu dambayntii intey askartii yaabeen naga kiciyeen hurdadii. Islamarkiiba waxay askartii nagu billaabeen waraysi, iyagoo aad noo weydiiyey doonta qofkii wadey. Soomaalidii oo dhan waxay ku jawaabeen in darawalkii doonta uu dib u laabtay, wuuse nala joogey isagoo magaca beddeshey, inkastoo markii dambe qoys Masaari ah oo nala socdey ay damceen in ay tilmaamaan, kaddib markii loo sheegay haddii ay sheegaan in sharci la siin doono, laakiin waxaan qoyskii ku handadnay in aan askarta u sheegi doonno iyagana in ay doonta soo rareen oo ay qaateen lacagteennii oo dhan. Qoyskii waa ay baqeen, waana joojiyeen in ay tilmaamaan darawalkii doonta. Taas weeye sababta dadka doomaha kaxeeya ay ku diidaan in ay soo qaadaan dad aan ku qawmiyad ahayn.

"Wareysiyadaas kaddib, waxaa nala ku wargeliyey in ay diyaarad naga qaadi doonto jaziiradda, ayna na geyn doonto gobol kale oo lagu go'aamin doono arrimaheenna iyo wareysiyada dhiman intaba.

Agricento

„Diyaaraddii nasoo qaadday waxay nagu soo dejisey gobolka Agricento. Aniga, haweeneydii iyo gabadheediiba waxaa nala keenay kaniisad, mana ahayn mid aan diidi karney, sababtoo ah waxaan ahayn la-haystayaal ah oo aan waxba kala dooran karin. Kaniisadda waxaa ku dhex noolaa dhawr haween ah oo ah kuwa loo yaqaan **Sisters** ama walaalaha aan guursan oo diintaas uun u go'ay, kuwaasoo goobtaas si wanaagsan noogu soo dhoweeyey, waxaanan ka codsanay cuntada ay na siinayaan in aysan ku darin hilibka ama dufanka Doofaarka, si naxariis leh ayeyna nooga aqbaleen codsigaas.

"Aniga iyo haweeneydii ay wehelisey gabadheeda waxaa lana siiyey qol yar, qoyskii reer Masar ee nala socdeyna waxaa la siiyey qol keligood ah. Waxaan dabadeed billownay in aan wacanno dadkii aan ku lahayn Talyaaniga. Qof shilin watey naguma uusan jirin, soorooyinkii ayaase noogu deeqay dhawr shilin oo aan ku siinno qof kasta halka aan joogno telefoonkeeda. Aniga waxaan u yeertay laba qoys iyo hal gabar oo isoo wada wacay, waxaanse si gaar ah ugu xisaabtamayey gabar ay dhashay habaryartey oo Talyaaniga degganayd. Markaan gabadhii wacay, dib bay iyana ii soo wacday, waxaanan hoosta ugu dhigay in ay sooro Filibiiniyad ah oo meesha joogtey ay iga ballan qaaday haddii sharci la ii diido, lana damco in dib la ii celiyo in ay iyadu iga saari doonto meesha, inta ka horreysana ay igula dardaarantay in aan sii raadsado lacag. Ninba meel u darane, ina habreedey waxaan ka doonayey in ay iiga sheekeyso nolosha carriga cusub ee aan imid, iyana waxa billowday in ay iga waraysato xaaladdii Xamar iyo reerihii, waxaanse hadal ugu soo koobay in ay lacagta iga soo gaarsiiso si aan dib la iigu celin.

"Maalinba maalin bay igu sii amaahisay, saacadba saacad bay iii sii dhiibtey. Qoyskii kale ee aan ilmo adeerka ahayn ayaa isoo wacay, iyagu wax lacag ah iigumaba soo tala gelin, waxaan kale oo aan dareemay in labada qoys ay ka dhaxayso is-qoonsi oo midba kan kale uusan doonayn in aan la hadlo. Ilma adeertey waxayba ii dhaameen ina habreedey oo iyadu jeesjees iyo faan igala dhammaan weydey, iyadoo isaga kay dhigaysa sidii qof haysta jannadii adduunka. Anigoo ah qaxootiga cusub ayey waabsi iga gaarsiisey inta aanan runta ka daba tegin oo aanan so arkin halkey joogtey iyo nolosheeda. Waa igu adkayd in aan u dulqaato jees jeeskeeda, anigoo ku caddiban kaniisaddaas, waxaanan ku iri:

Agricento dhexdeeda
ninkii igu jarayoow maqal
Jamaahiiriyaa la yiraah
Laysuma joojiyo
Meel aan laga jeclayn naxariis

Arxan looba jeedin
Jilbaha lays jaraayoo
Jookadiyo xaasidnimada
Jajuubkiyo colaadda
Hoygii jikaarka
Ninkii soo jibaaxay
Odaxdaa soo dhex jiiray
Ma yaqaan jil-jileeciyo
Baryada dad aan jirine
Iga jooji faanka.
Haddaad jiif iyo igu ogeyd
Maanta joog iyo is-taag dheh
Haddaad jirro iyo igu ogeyd
Maanta juuc iyo ciil maleh dheh
Haddaad jileec iyo igu ogeyd
Maanta jawaasaad dheh
Haddaad ja-jab iyo igu ogeyd
Maanta jirrid iyo adayg dheh
Haddaad jahli iyo igu ogeyd
Maanta aqoon iyo jaamacad dheh
Haddaad jikaar iyo igu ogeyd
Maanta jeesto iyo faan dheh
Haddaad hore-u-jeed iyo igu ogeyd
Maanta jiiro-jiiro iyo xumaan dheh
Haddaad jacayl iyo igu ogeyd
Maanta jilaafo iyo nacayb dheh
Haddaad jees iyo igu ogeyd cayaar
Maanta jeeg iyo lacag dheh
Haddaad jeel iyo igu ogeyd jamaahiiriya
Maanta jaaw iyo bella dheh
Haddaad jug iyo igu ogeyd daqar
Maanta joowharad iyo luul dheh
Haddaad jahannamo iyo igu ogeyd
Maanta jannatul Fardows dheh
Haddaad jihaad iyo igu ogeyd Tripoli
Maanta jumnad iyo farmaajo dheh
Haddaad jac iyo igu ogeyd been
Maanta jaarkaa iyo Italy dheh
Haddaan lacagta jineh iyo joogay Diinaar
Maanta jitoone iyo liire dheh
Haddaan Jiineey aqiinnay iyo oday Jilacoow
Maanta John iyo Jambowla dheh
Haddaan jiimbaar ku noolaa

Maanta sariir iyo jiif dheh
Haddaan juq kusoo jirey
Maanta jaarkaa iyo halkaan jecla dheh
Haddaan Hi. Un joogey
Maanta Bonjourno iyo grazie dheh
Jiinkiyo jawab dheh
Japan iyo Jarmal dheh
Joorje Bush iyo Jaan Samiin dheh
Jakaartiyo Janeefa dheh
Jamaykiyo Joordan dheh
Jey Jey iyo Jalsii dheh
Jasaair iyo Jabuuti dheh
Jamalnuur iyo Jamal Cayn dheh
Jiddiyo Joohansbeeg dheh
Jalaatiyo casiir dheh
Jokaataliyo cayaar dheh
Juu iyo boliito dheh
Jee iyo noonjee dheh
Joowliyo farjaawo dheh
Jilaasuu iyo Wahraan dheh
Jaakeed iyo qaboow dheh
Jeerdo iyo burunto dheh
Joojiyo asbeeto dheh
Jaris iyo shaqo dheh
Jadbadiyo duco dheh
Allaa jiroo joogo dheh
J'da way dhamaatay dheh
Halkaasan ku jaray dheh
Intaasaan ku joojey dheh
Jaaw baan ku xirey dheh
Qur'aan baan ku jiiday dheh
Waxaan uba jeedey dheh
Runtaan jilcinaayey dheh
Kala jiidannay dheh
Jiidoo dhaqaaq dheh,
Hay soo jarin soco dheh.

"Tixdan waxaan ula jeedey in aan ugu sheego in aan ahay qof isa soo dabbaray oo aan maanta cidna u baahnayn, waxaan kaga sheekeynayey dhammaan meelihii aan soo maray iyo halka aan niyadda ku haystey in aan tegi doono anigoo taajir ah. Sidoo kale, waxaan u sheegayey in aan afka Talyaaniga naftiisa aqaan oo aan gabay ku dhex dari karo, sida tixdan ka muuqatana wuxuu u badan yahay kalmado Talyaani ah.

"Sidaan ugu dhex jirey kaniisaddii, anigoo is ciilkaambinaya oo garab la' ayaan markii dambe iskala qabsaday soorooyinkii, oo aan billaabay in aan su'aalo ku wareeriyo, har iyo habeense waxaa igu beernaa cabsi ah in ay ii qariyaan Qaansiir, waxaan welwel ba'an ka qabi jirey cuntada meesha nala ka siinayey, markaasan billaabay in aan ka shakiyo nooc kasta oo cunto ah, waxaanan iskula hadli jirey:

Qaxootiyaan ahay miskiine
Inaan Eebahay ku qarribin
hay qarinin qaansiirka
Inaan Allahay ku qisaasin
haygu qatalin qaansiisrka
Kuma qancaayoo urtiisa qurmoone
Ma qaadan karaayoo afkaygana uma quuree
Waxoow Alle u qaadacoow qabaa
Qurmoone xayawaankuye
Dadyahoow aqligiyo lagaba qaaday qalbiga
Oo qorey ay samaysteenoon
Waxba u qaban karayn
Qayaali ku caabudaayoow
Jaahilnimo loogu qubeeyaay
Inaan dunida lagula qarxin
Hay qarinin qaansiirka
Inaan ifka lagaa qarinin
Hay qarinin qaansiirka
Baryo u qaado haddaad rabtee
Hay qarinin qaansiirka
Gondahaan ku qabsade
Hay qarinin qaansiirka
Inaan ulo soo qaadan
Hay qarinin qaansiirka
Markaan indhaha qac ku siiyaa
Afkayga qaylo rogaaye
Hay qarinin qaansiirka
Habaryahay qaloocan
Hay qarinin qaansiirka
Habaryahay qaloocan
Qolqolka yaroo madoow
Qoorta ku xiratee
Xaqa quursatee
Quusatay qiyaamo
Hay qarinin qaansiirka
Baadinimo qaadatooy

Hay qarinin qaansiirka
Wuxuu Rabbi qadaraa jiree
Hay qarinin qaansiirka
Habaryahay qaloocan
Hay qarinin qaansiirka.

"Markii ay bishii noo dhammaatay ayaa waxaa nala siiyey sharci ah hal bil oo la yiraahdo sharciga qaxootiga (parmesso sujourno) laakiin ka duwan nuuca ay dadkii degganaa dalka Talyaaniga ay haystaan, kaasoo ahaa mid aad ku sugeyso sharci kale tan iyo inta waraysi kale (interview) lagaa qaadayo, kaddibna sharci weyn lagu siinayo haddii aad nasiib u yeelato. Sharciga markaa nala siiyey ma ahayn mid lagu shaqayn karo ama sharci weyn oo aad xaq u leedahay wax badan.

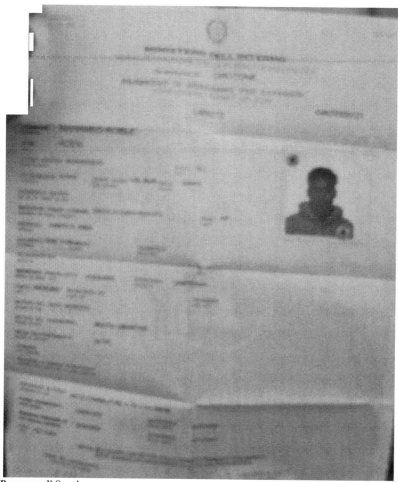

Permesso di Soggiorno

Tareen ayaan kasoo qaadanay Agricento illaa Catagna oo Bangi (bank) ku yiil nala ka siiyey xoogaa yar oo lacag xaqal jeeb ah , iyadoo nala yiri 'nin walboow isdabar.'

"Catagna dhexdeeda maqaaxi ku tiil baan fariisanay, waxaan ahayn dad wada indho xiran oo meel lagu soo daayey, maqaaxidii baan si magaalo-joognimo-xumo ah wax uga cunnay. Sidoo kale, waxaan iibsannay jaakadaha qabowga laga xirto. Aniga taydii saacado kaddib meel baan uga tegey, jaakad weligey ma qaadan oo waan iska halmaamay, jaakad la'aan baan soo raacay tareenkii ku socday Rooma, 24 sacaadood kaddibna, waxaan soo gaarnay Roma Stazione Termani oo ah goobta ugu caansan boosteejada tareennada ee Rooma.

Roma:

„Neef weyn ayaa iga soo fuqday markaan kasoo degey saldhigga tareennada Rooma sidoo tiiyoo aan soo galay janno, waxaan eeg-eegay hareerahayga, qof kasta wuuna agmarayey markii laga reebo gabar aan weydiistey in ay ii jarto tikidka, lacagtiisa waan wateye waxaa aniga igu gaabnayd aqoonta sida loo jaro iyo habka loo maro, waana ay iga aqbashay, iina jartay tikitkii. Gabadhii waxay i fariisisey baar ay naga siisay kabushiino wanaagsan intii aan sugayey tareenka, kaddibna waxay igu hubsatay. Waxaa ila socdey wiil aan isku safar ahayn, oo hore iigu soo dhoweeyey gobolkii aan kasoo dhoofnay waagii la joogey Liibiya, kasoo aan jidka uga tegi waayey.

„Aniga iyo wiilkii waxaan wadajir u soo galnay guri ay degganayd ina habreedey iyo ninkeeda oo caruur isku lahaa. Ina habreedeydii bootada igu waashay markaan ku jirey kaniisadda Agricento ma shaqayn weligeed inti ay Talyaaniga joogtey, ninkeeda ayaa masruufa, waxaan arkay ina habreedey oo aad u cayilan, waxaan maqli jirey Yurub cayilka wa lala diriraa haddana maba weydiin, laakiin waxay ila damacday in aan sideeda oo kale guri-joog iska noqdo. 21 beri Guriga kama aanan bixin. Wiil iyada la jooga oo uu ninkeeda ka dhalay haweeney kale, oo isaguba ku dhibban reerka, kuna nool nolol canaad iyo cariiri leh ayaan mar mar weydiisan jirey in uu isoo tuso maktabadda oo ah meesha wax lagu akhristo, lagana helo Internet lacag la'aan ah. Halkaas ayaan xoogaa waqtiga kusoo dhumin jirey. Intaan sii soconno waxaan wiilka kula sii dardaarmi jirey in uu wax barto si uu uga xoroobo canaadka ina habreedey.

„Waxaa guri-fadhiga ii dheeraa in ay reerka aad u dhibsanayeen wiilka aan u keenay, waxaana mar kasta la i lahaa naga saar wiilkan, Talyaaniga la isma hayo. Talyaaniga waa la is dejiyaa, haddiise ay ku dhibsadaan reerka aad la joogto waa lagaa raacdaynayaa guriga, haddii xattaa aadan haysan meel kale oo aad aaddo. Dumaashigey wuxuu suuqa ii geliyey dacaayad raqiis ah oo ahayd ‚nin bay wadataa iyadoo culays nagu ah', nasiib wanaagse wiilkii wuxuu heley reerkiisa oo goobtii ka kaxeeyey.

„Dhowr beri kaddib, gurigii waan isaga cararay, anigoo xiran jaakaddii ragga oo aan la ii samayn wax soo dhoweyn ah (shopping). Bas ayaan halkii kasoo qaatay, waxaan soo aadey reer kale oo aan qaraabo ahayn oo iyagana aan dhibsaday in aan la noolaado, maxaa yeelay waxaa guriga joogey wiil dhallinyaro ah oo raashinka ugu xisaabtamaya sidii in uusan waligii raashin arkin, halka ay marwada reerka ahayd qof ii roon oo xabadka ii tumatay, laakiin wiilka ayaa mar kasta ii xisaabinayey wixii aan cunayey.

„Muddo shan biood ah ayaan gurigaas ku sugnaa, waxaana markii dambe la ii sheegay in la tago oo la iska qoro xafiisyada shaqada. Xafiiskii ayaan tegey, waxaase la ii sheegay in xafiiska aysan ahayn uun in tagto hal subax oo keliya, balse loo baahan yahay in aad subax kasta hortaagnaato, haddii kale aan shaqo lagu siinayn, waxaase iigu yaab badnaa markii aan arkay gabdho Soomaaliyeed oo dahab hadiyad ah u keenayey naagta shaqada bixisa si ay shaqo u siiso. Anigoo yaabban baan bartii subax kasta albaabkeeda istaagi jirey, kaaga darane luuqada Talyaaniga ma aqoon, waxaana soo labaysay oo la siiyey xaashi sharci ah oo bil kasta la cusboonaysiinayo, lana la ogolayn in lagu shaqeeyo.

„Bal adiga is weydii, Talyaaniga haddii uu ku siiyey xaashi ama sharci aan lagu shaqayn karin, misna aan lagu siin hooy iyo dhaqaale aad ku noolaato, sidee u noolaan kartaa,? Waddada keliya ee aad haysataa waa in ay dad qaraabadaada ah shaqadooda kugu wareejiyaan, si aad ayaamo uga nasiso, kaddibna markii uu qofku soo nasto uu kaa qaato shaqadiisii ama in aad hesho shaqo aan sharciyeysnayn oo tuugo ah.

„Aniga markii aan bilooyin joogey waxaa la iisoo helay shaqo. Waxaan tegey shaqadii, waxayna ahayd in aan hayo canug yar oo aad u culus oo miisaankiisu ahaa 12 kiilo. Hooyadiis ayaa iska diiddey hayntiisa culayskiisa darteed, waxaana loo doonayey booyaaso lagu feero gooyo. Shaqadii baan akhbalay illeyn naf la caari baan ahay, nolol baanan dooneyney. Waxaa wax walba kaaga daran jeesjeeska ay kugu jeesjeesayaan dadka kuwooda labada beri kaasoo horeeyey ee shaqada helay, haddey doonto ha ahaato shaqo hoose oo musqulo la nadiifinayo. Waxaa kuugu daran markii dad aad taqaan oo reer baadiye ahaa oo aad u jeeddo in ay alif iyo B midna qorin kugu jeesjeesaan oo kugu dhahaan waxay doonaan, iyagoo aan isku jeedin daciifnimadooda.

„Aniga waxaan is iri reer baadiyahaas indhaha uga qarso shaqadan, laakiin canugga la igu yiri hay wuxuu ahaa canug aan ogolayn in dhulka la dhigo, misana culayskiisa ay feeraha kula qararayaan. Markii aan xambaarsanaa canugaas muddo shan maalin iyo shan habeen ah baan ku iri haweeneydii ,isii lacagta aan xaqa kuugu yeeshay, shaqadaan ma sii wadi karee.' Waxaan u sheegay in aan ka tegeyo, waxayna isoo siisay lacagteydii aan xaqa u lahaa.

Ka-cararkii Talyaaniga

„Waxaana soo istaagney goobta tareenka oo aan ka soo goosannay tikit Jarmalka ah, waxaan isku dayey in aan galo dalkaas, si aan ugaga sii gudbo dalalka Iskaandaneefiyaanka la isku yiraahdo ee Norwey, Iswidhan, iyo Denmark, nasiib darrase waxaa i heshay askartii Austeria ee ka sokeeyey xudduudka Jarmalka. Waxay igu qabteen meel la yiraahdo **Prenero** oo ka tirsan dalka Austria, waxaana la iisii gudbiyey caasimada dalka Austria ee Viena, iyadoo farahana la iiga qaaday, mar kalena dib la iigu soo celiyay Talyaaniga. Maba aanan sii hakane, hore ayaan iska geeyey goobtii tareenka, waxaanan weydiiyey in ay tikitka ii goyn kartey lacagtii aan haystey, waxaana la ii sheegay in ay i geyn karto illaa iyo Holland, halkasoo aan kasoo qaatay tareen kusoo jeeday dalka Holland.

„Dalka Holland ma aanan weydiisan magangelyo, waxaan ku fekerayey in aan usii gudbo dalka Ingiriiska, meel kalena ma dooneyn.

„Dharbaaxadii Talyaaniga iigaga soo dhacday waxay weli ka qaylineysey dhegahayga, waxaan isku habaystay xooga yar oo dhaqaalo ah oo ay igu taageereen dad aan asaxaab ahayn, wax kaalmo ahna waan ka waayey dadkii qaraabo ahaan iigu dhowaa oo iyagu Afrikaba igu kaalmayn waayey.

„Habeen ayaan anigoo wata baasaboor ay lahayd gabar aan isku eg nahay ayaan bas ku jeeda London ka soo raacay magaalada Preda ee dalka Holland. Afartii aroornimo ayaan soo gaaray Caley oo ah xudduudka Faransiiska iyo Ingiriiska, halkaasoo askarta faransiisku ku baaraan sharciyada socotadu in ay sax yihiin iyo in kale. Baasaboorkii aan watey ma aysan fahmin, waanan ka gudbay, daqiiqado kaddibna waxaan u galnay askartii Ingiriiska oo saldhig socdaalka ah (Immigration) ah ku samaystay Faransiiska dhexdiisa, waayo haddii ay saldhigga ka samaystaan gudaha dalka Ingiriiska, dhawr tallaabo oo ka mid ah qofkii gala wuxuu xaq u yeelanayaa in uu weydiisto magangelyo, sababtoo ah wuxuu qofkaasi ku jiraa Ingiriiska xittaa haddii ay tahay tallaabooyin. Sababtaas darteed ayey Ingiriisku gudaha Faransiiska uga furteen saldhigan.

„Askartii Ingiriisku waxay noo baareen qof qof intii baska saarnayd. Markii aniga la isoo gaarey, waxaa isla markiiba i qabatay islaan waayeel ah oo iga reebtay baskii, waxaana la baaray alaabtaydii oo dhan, taasoo ay ku ogaadeen in sharcigii aan watey aanan anigu lahayn, islamarkiibana waa la iga qaaday sharcigii, waxaana la i fariisiyey meel ay yaalliin kuraas alwaax ah. Waxay ahayd waqti waaberi ah, hurdo ayaan tacbaan la ahaa, mana seexan intii aan baska ku jirey, waxaan ka welwelayey in la i qaban doono, in aan fakan doono, iyo in kale. Markii aan arkay in gacanta la igu hayo ayaan dhulka dhigtay jaakaddii qaboobaha ee aan xirnaa, iskana seexday dhulka, illeyn meel kale ma jirine, waxaana la igu wargeliyey in la sugayo askarta Fransiiska oo arrinkayga la wareegaya, maadaama aan ku sugnaa dalka Faransiiska, waxaana la raaciyey in ay soo dahayaan. Halkii baan ku hurdey illaa 10:00 subaxnimo, markaasoo ay haraati iiga kiciyeen askartii Faransiiska, iguna xireen gaariga askarta, sidey ii sii wadeenna waxay igu tureen xabsi istaag ah oo aan lahayn meel la fariisto ama la seexdo, markii aad suuliga u baahatana aad u yeeranayso askarta meesha joogto, haddii la rabana laguu diidayo.

„Muddo toddobaad ah markaan ku jirey xabsigaas taagnaanta ah ayaan sheegay in aan Holland ka imid markaan adkaysan waayay, waxaana la iga saaray xabsigii, iyadoo la ii gudbiyey meel dadka lagu sii hayo inta looga celinayo dalkii ay ka yimaadeen. Meeshaas waxay ku dhaantey xabsiga, waxaan xor u ahayn in aan soc-soconno, meel la jiiftana waa ay lahayd, inkastoo habeenkii guryaha nala ku qufuli jirey, subaxdiina la furi jircy oo habeenkii xittaa la iskuma ogolayn suuliga. Maalmo kaddib, waxaa la ii soo celiyey dalka Holland oo aan haddeertaan ku jiro xero qaxooti, noloshii aan filayeyna aanan kala kulmin Yurub."

Nasro aad baan uga mahadceliyey warbixinteeda, waxaanan weydiiyey Su'aal fudud oo ah: maxaad aaminsanayd ka hor inta aadan soo gaarln Yurub oo imaatinkeeda aad usoo martay intaas oo rafaad ah?

Nasra waxay iigu jawaabtey: waxaan filayey mise waxay noqtay, kuma fikirin nolosha in ay sidaan tahay, wax kastood haysatana weligaa farxad kuma noolaanaysid, la mood noqonse wayday.

Ugu dambayntii, waxaan soo macasalaameeyey Nasro, waxaanan u rajeeyey khayr, anigoo si fiican u fahamsan sababta ay u dhibayaan biyaha iyo socsocodka mawjadaha badda.

Al-fannaan Axmed Naaji oo ah dalmar weyn oo tegey dhulal badan, isagoo ka hadlayey kala firirka ku dhacay Soomaalida, iyo sida ay haweenkeenu meel kasta ugu daadsan yihiin, wuxuu ka sameeyey hees aan aad ula dhacay oo qaadiddeeda ay ku wehelineysey Saado Cali. Heestaas waxaan iyadoo muuqaal ah ku daawaday guiga Axmed Naaji reerkiisa oo ku yaal dalka Netherland/Holland. Dhageysiga heestan waan ku qiirooday, waxayna iga keentay ilmo, kaddib markaan arkay sida qiirada leh ee ay Saada Cali heesta u qaadeyso iyadoo si dhab ah oo kasoo go'day wadnaheeda u cabbireysey xaaladda haweenka Soomaaliyeed iyo kala firdhadkii ku dhacay bulshada, waxaaan miraheeda ka mid ahaa:

Axmed Naaji:
Haduu qiimo aadmiga
iyo qaayo leeyahay
Ama qurux la daawado
qaabsami u dheer tahay
Quruxdaan ayaa iska leh
Qaadir uu ku siiyey?
Qaaradeed u dhalatoo
Qoyskee ka jeeddaa?
Qoyskeed ka jeedaayoo
Qoraneey ayaa tahay?

Saada Cali:
Quruuntaan ka jeediyo
Qaabkaan u dhiganahay
adiguba qiyaasoo
Qumanoow ayaan ahay?

Axmed Naaji:
Qoraneey waxaad tahay
Qaranka Soomaaliyeedoo
Qoladaydii baa tahay
Qaaliyeey dalkaygiiyey
Qormadaadu waa hodane
Qani weeye dalkaaguye
Waa lagu qadarin jirayee
Qaran dumaad ka joogtaa
Qaaradaadu waa Afrika oo
Geeskeey ku qoran tahay
Qoladaydii baad tahayoo
Qaaliyeey naftaydiiyey

Saada Cali:
Haddii ley qaddarin jirayee
Qiimo beeley haatane
Qaabkii xumaa iyo
Ma dhammaan qardamadiye
Qabyo weeye taladuye
* Yaa ii qareenoo?
*Qabbaankaygu waa kuma?
Quustaye quustaye
Alla waan waan
Quustaye aniguye

Axmed Naaji:
Qoraneey qaaliyey naftaydaay
Qowlkaad i leedahay
Anba quursan maayee
Qalbigay xanuunoo
Qaran dumaan xasuustee
Qax iyo dhibaatiyo
Darxumo kuuma quuree
Rajana lagama quustee
Rabbi lagama quustee
Qabyo way dhammaanoo

qabyo way dhammaanoo
Qaadirkeey ha kula jiro
Qoraneey qoraneey

Saada Cali:
Waan quustay aniguyee
Quustayee quustaye waan quustay aniguyee

Axmed Naaji:
Qax iyo dhibaatiyo
Darxumo kuuma quuree
Rajo lagama quustee

Saada cali:
Waan quustay aniguye
quustaye quustaye
waan quustay aniguye

Axmed Naaji:
Qabyo way dhammaanoo
Qaadirkey ha kula jiro
Qoraneey qadirkey ha kula jiro

FG: *qaybta aan saaray xiddigta ayuu abwaanku iigu macneeyey in ay ka tarjumeyso safaarad la'aanta Soomaalida ku haysata adduunka, iyadoo haddii uu dhib ku dhaco aysan jirin safaarad u dacwoota ama caawinaysa.*

Bartamaha kulaylihii Sanadkii 2004$_{tii}$, maalin anigoo la fadhiya asaxaabtayda baar ku yaal gobol ka tirsan dalka Sweden ayaa si guud la ii baray wiil dhallinyaro ahaa oo weheliyey mid ka mid ah asaxaabtayda, anigase maalintaa igu cusbaa. Annagoo sheekeysanayna ayaa waxaa igu soo dhacday oo aan soo xusuustay sheeko qabyo noo ahayd aniga iyo asaxaabatayda, taasoo ku saabsanayd sida ay kusoo galeen Yurub. Iyagoo ii wada sheeko xiiso leh oo ku saabsan socodkoodii ay ku yimaadeen Yurub iyo in ay soo mareen Moosko (Ruushka), sheekadii oo aan noo dhammaan, waqtigana noo saamixi waayey ayaan lasoo boodey 'war maad ii dhammaystirtaan sheekadii aad ayaantii hore ii waddeen ee ku saabsanayd Moosko iyo imaatinkiina Yurub.' Mid ka mid ah asaxaabtaydii ayaa si dhaqso leh usoo boodey oo yiri 'wiilkaan nala fadhiya ayaaba ah aabihii tahriibka ee wax ka warso qisadiisii tahriibka', waxaanan dabadeed usoo jeestay dhankiisa.

Biyo aan afka ku haystey baan ku badbaadiyey wiil ila socdey

Wiilkaa wuxuu ii sheegey in uu kasoo tegey magaalada Qaahira ee dalka Masar, isagoo u soo tahriibey saxaraha Niger si uu ugu soo gudbo dalka Liibiya, kadibna sidii ay saxarihii u lugeynayeen ay daal, oon iyo baahi halkii ku rafaadeen. Wuxuu kaloo ii sheegay in intii la socotey toddoba ka mid ah ay mid mid u ruux baxeen, iyadoo ugu dambeyntiina haween carruur lahaa intey socon waayeen, noloshana ka quusteen ay ku yiraahdeen 'intii socon karta ha socoto, haddiiba aad nolol nagu soo gaari kartaan, usoo sheega askarta ilaalisa xadduudka in ay noo soo gurmadaan.'

Halkaas waxaa looga soo tegey carruur naf-bax ku dhoweyd iyo haween, waxaana dhacday in mid ka mid ah wiilashii sii ruux baxayey uu afka ugu shubay biyo uu afkiisa ku haystey oo uu ku ilaashanayey nafta, ahaydna dhibicdii ugu dambeysey biyo ee la qaybiyo, illeyn dad iyagaba ku lugaynaya saxaraha lama-dagaanka ah ma qaadi karayaan biyo, waaaba haddii ay naftooda qaadaane.

Wiilkaas wuxuu ii sheegey in wiilkii uu afka ugu shubay dhibicdii biyaha ahayd isagoo geeri qarka u saaran uu maanta joogo London, labadooduna aysan ku qanacsanayn maanta halkii ay naftooda usoo halligayeen.

Xusuus xanuun badan

Dad Soomaaliyeed ayaa safar dhinaca badda ah uga soo boqoolay xeebaha dalka Liibiya taariikhdu markii ay ahayd 3_{dii} bisha 10_{aad} sannadkii 2003_{dii}, xilligaas oo ka mid ah waqtiyada qaboobaha Yurub uu ugu xoogga badan yahay. Dadkaasi waxay kusoo safreen doon yar oo 12 mitir ah, taasoo muddo kaddib ku qarraqantay badda Maditerranean. Askarta Talyaanigu waxay saxaafadda u sheegeen in ay doon kasoo daadgureeyeen 14 qof oo Soomaali ah oo meyd ah, markii dambase ay ka war heleen in qof ka mid ah oo haweeneey ah ay naftu ku jirtey, waxayna dabadeed dekedda Lampedusa ka wacdeen doomo gar gaar ah.

Markii ay qaylo-dhaantu soo gaartey, waxaan dekedda Lambadusa kasoo baxay laba doon oo gargaarka deg-degga ah iyo markab ay leeyihiin ciidanka ilaalada Badda ee Talyaaniga, si loo soo daadgureeyo dhibbaneyaashaas, waxayna la kulmeen doontan oo ay saarnaayeen 14 Soomaali ah oo 13 ka mid ahi tahay meyd, iyo haweeneydaas Soomaaliyeed oo lagu qiyaasay in ay dhimatay, balse ay nafi ku jirtey.

Masiibadaan weyn ee ka dhacday Badda Maditerranean ee kala barta Afrika iyo qaar ka mid dalalka Yurub, waxay noqotay mid ay ka calool-xumoodeen dadka adduunka jooga oo dhan, kaddib markii ay saxaafaddu si rasmi ah uga hadashay, gaar ahaan saxaafadda Soomaalidu aad u qaad-qaadday, soona bandhigtay sawirro xanuun leh oo ku tusinaya dad Soomaaliyeed oo isugu jira haween, caruur, iyo dhallinyaro ay tiradooda ahayd 90 oo 70 ka mid ah ay ku dhinteen Badda dhexdeeda. Meydadkii 13 dhallinyaro ah oo kaliya laga helay halki doonta laga soo jiidey, waxaana lagu duugey magaalada Roma ee dalka Talyaaniga, iyadoo maydadkooda lagu karfanay calanka Soomaaliya, loona sameeyey aas-qaran, markaasoo Talyaanigu ugu yeereen calanka Soomaaliya calan aan dad lahayn.

Shan iyo toban qof oo iyagoo naf-la-caari ah laga soo badbaadiyey doontaas ayaa la dhigay isbitaallo ku yaal Talyaaniga. Waxaa iigu yaab badnaa markii uu mid ka mid ah dhallinyaradaas bedbaaddey uu yiri "Waxay ahayd masiibo socotey in ka badan toddobaadyo, waxaan kala garan weyney kuweenna nool iyo kuweenna dhintay. Waxaan gaarnay in aan hoos galno meydadka, si aan isaga difaacno qabowga iyo roobka." Doonta uu sarnaa dhibbanaha hadalkan sheegay ayaa waxay badda dul heehaabeysey 17 maalmood iyo in ka badan. Ka warran adigoo badda saaran muddo intaa la eg oo qabow iyo roob keliya ay kuu noqdaan ciidan, raashin la'aan iyo oon ay isugu kaa darsamaan, adigoo biyaha badda dhexda uga jirana aad weydo biyo aad kabooto?...

Mid kale oo ka mid ah dhibbaneyaashii ka soo bedbaadey doontaas ayaa yiri "waxaan xasuustaa intaan bada ku jirney la tuurey 6 caruur ah oo halkaa ku nafwaayay nin nala socdey ayaa tuuray xaaskiisa iyo wiil yar uu isagu dhalay oo 7 jir ahaa dabadeedna la soo gaarey xilligii uu isaguna is tuuri lahaa,

Dhibbane kale ayaa isagana isagoo tusbax gacanta midig ku haysta, wardigiisana wata sheegay in uusan rabin in uu maskaxdiisa dib ugu celiyo halaaggii ay kala kulmeen badweynta. Hase yeeshee, dhibbane kale ayaa isagoo ilmaynaya, wuxuu sheegay in uu daawanayey aabihiis oo naftu ka sii baxayso, iyo seddex carruur ah oo la dhalatay oo iyaguna hal hal ugu nafbaxay doonta dusheeda, kaddibna uu isagu ka tuuray doontaas geerida xambaarsanayd.

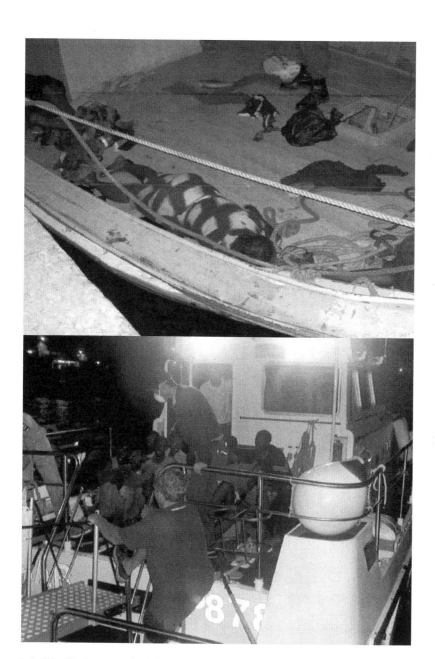

Masiibadii doontaas kaddib, waxaa ii suurtagashay in aan qadka talefoonka kula xiriiro wiil magaciisa iigu sheegay Madoobe oo ka mid ahaa 15_{kii} ruux ee ka bedbaadey doontaas, isagoo haatan ku nool magaalada Firenza ee dalka Talyaaniga. Waxaan Madoobe ka waraystay xaaladdiisa, sida uu hadda ku sugan yahay, iyo bal wixii uu kasoo maray Yurub jacalkeeda, wuxuuna ii sheegay, isagoo hadalkiisa ay ka muuqatey murugo iyo caloolyow, in uu maanta uga sheekaynayo dadka Soomaliyeed ee walaalahiis ah, si aysan ugu soo sirmin.

"Meeshan sidii aan ugu haysanney janno ayaan u nimi adduunyo la kala googoostay, waxaan la yaabaa walaalahayga Soomaliyeed ee dhibka aan qabno maalin kasta ka dhageysanaya saxaafada, oo misna weli soo socda, iyagoo aan marna ku waano-qaadanayn sidii aan nafteenna usoo hallignay iyo dhibka aan ku qabno meeshaan. Markii ay noo yimaadaan oo ay arkaan xaaladda aan ku noolnahay ayey noo sheegaan in aysan rumaysan jirin wixii aan u sheegi jirney markii ay joogeen gudaha dalka, iyagoo u haystey in aan nahay dad janno ku jira oo diiddan in jannada lala soo galo.."

Madoobe: Kaadi baa la kala iibsadaye, maxaa haray?

"Soomaaliya waxaan kasoo tegey anigoo ku haysta nolol wanaagsan, waxaan is iri 'bal Yurub ka wardoon', waxaan soo aadey jidka dheer ee Suudan ee loo soo maro saxaraha weyn. Baabuurta loo yaqaan Cabdi Bile ayaan soo qaadannay. Markii aan muddo soo soconney kaddib, waxaan ka dhunnay waddadii saxda ahayd ee Liibiya ku tegeysey, waxaanan kusoo dhowaanney xudduudka Al-Jeeriya.

"Saxaraha waa la innagu dhacay. Kuwii na wedey intey qoryo noo la soo baxeen bay naga furteen wixii aan dhaqaalo wadaney, anigase waan ka fakaday tuugadii Cabdi Bilaha nagu waday, sababtoo ah waxaa hoosta iigu xirnayd xooga lacag ah oo keyd ah, waxaanan is iri yaan xoogaagaas lagaa dhicin. Sidaad awgeed, aniga iyo wiil kale oo la dhahayey Maxamed Khaliif Jiille ayaa soo lugaynay. Markaan cabbaar soo socaney, waxaa na helay oo na qabtay askarta Al-jeeriya, kuwaasoo na xirxiray, xabsigana nagu hayey muddo 15 beri ah. Waxaa xabsigaas la oranayey **Tama feet**. Aniga iyo wiilkii, maadaama aanan meesha aqoon, isla markaana garanayn wax luuqad ah, waxaan askartii u sheegnay in aan wada dhalannay, si aan na loo kala reebin.

"Askartu waxay na weydiiyeen meesha aan ka nimid, iyo waddankeenna, waxaan u sheegnay in aan ka nimid Soomaaliya, waxayse u fahmeen in aan ku niri 'Mali', waxayna noo tarxiileen gobol la yiraahdo **Shibris** oo ku yaal waddanka Maali. Halkaas cidna kama aynaan aqoon, waxaan haysaney 200 doollar qofkiiba, waxaanan qorshaysannay in aan mar kale kusoo laabanno Al-jeeriya, si aan Liibiya usii aadno. Niman Nijeriyaan ah oo halkaas joogey ayaan siinnay 100 doollar, si ay noogu soo celiyaan Al-jeeriya (Jasaa'ir), hase yeeshee waxay naga dheceen 100 doollar.

"Annagoo yaabban oo wax tallaabo ah aanan qaadi karin, nimankii na dhacayna waxba ku samayn karin, illeyn waa ay naga xoog badnaayeene, ayaan iska soo aadnay caasimadda Niger ee Niamey, halkaasoo aan iska joognay ilaa 3 bilood. Markcy noloshu nagu adkaatay, waxaan markii dambe go'aansannay in sidaan kusoo gudubnaba aan soo galno Liibiya. Wiilkii ila socdey, wuxuu ii sheegay in uu ku harayo Niger, anigase waxaan soo baxay, sababtoo ah, waxaa ila socotey walaashay oo aan kasoo tegey, markii dambese aan maqlay in ay Tripoli soo gashay.

"Keligeey ayaan soo raacay gaari usoo socdey Illbiya. Luqad ma aqaan, dhulka ma aqaan, waxaan iska soo talo saartay Ilaahay, waxaanan imid caasimadda labaad ee Niger, halkaasoo ay igula dhacday kaneeco (malaariyo) aan aad ugu xanuunsaday. Anigoo garanayn cid i kaalmaysa, waxaan iska soo rafaadaba waxaan afka soo geliyey gobol la yiraahdo **Zabha** oo ku yaal dalka Liibiya, halkaasoo ay lacagtii iiga go' day.

"Maalin ayaa anigoo indhaha taagtaagaya waxaan soo ag istaagey gaari weyn oo laga dejinayo Coco cola. Dadkii gaariga watey waxay i weydiiyeen in aan shaqo doonayo iyo in kale. Anigoo aan wada fahmin wixii ay i dhahayeen, waxaan keliya oo aan ka gartay 'shaqo ma rabtaa' in ay i leeyihiin. 'Haa' ayaan ugu jawaabay. Waxaa la igu dejiyey ama aan dejiyey gaarigii oo dhan. Anigoo faraxsan oo filanayey in ay i siin doonaan lacag aan ku raaco gaari ku socda Tripoli ayey ii soo taageen hal Diinaar oo ah lacagta Liibiya, kaasoo ka yar rubac doollar, waxaanan shaqaynayey muddo ka badan 6 saac. Ma garanayn wax aan sameeyo.

"Anigoo ciil u dhiman raba ayaan iri 'Ilaahay ayaa jooga,' waxaanse markii dambe meeshii ku arkay nin takhtar ah oo Soomaali ah, waxaanan u sheegtay dhibkii aan soo maray iyo rafaadkii. Si fiican ayuu ii soo dhoweeyey, wuxuuna isoo saaray gaari ku socda Tripoli.

"markaan Liibiya imid oo ahayd meeshii aan usoo marayey waxaas oo rafaad ah ayaan ugu imid canaad hor leh. Liibiya waa dal cunsuri ah oo dadka madoow lagu yaso, mana aysan noqon sidaan moodayey. Sidaad la socotaan, Liibiya waa meel Soomaalida ay marki hore ku lahaayeen wax u eg xero qaxooti, markii dambese la xirey, kaddib markii ay ku dagaallameen wiil Soomaali ah iyo wiil Liibiyan ah. Wiilkii Liibiyaan ahaa qori soo qaatay, wuxuuna xabbad ku furay xeradii, halkii ayeyna xukuumaddii dejin lahayd ama qaboojin lahayd arinkaa ay ku jajabisey xeradii. Dadka Liibiyaanka ah waa in aad u yeesha sida ay doonaan haddaad tahay madow, haddii kale waa lagu dilayaa ama lagu xirayaa, waana in aad u ahaataa adoon addeeca waxay rabaan.

"Hadal yaanan kugu daalinine, waxaan u soo qayliyey Yurub oo la iiga soo direy lacag dhan 1000 doollar, taasoo iyana mar kale la iga dhacay. Mase quusan; mana harin harin, waxaan joogey meel ah barako ma leh oo meel loo noqdo aysan iga horreyn. Waddooyinka ii furnaa waxay ahaayeen in aan saxaraha ku laabto oo iyadana ah mid dhibkeeda iyo rafaadkeeda leh iyo in aan badda usoo tallaabo oo iyada ruuxeeda nasiib ah si lagu helo, waana in aad Ilaahay talada saartaa. Waxaa mar kale la ii soo direy lacag kale oo aan ogeyn dhibka ay leedahay soo diriddeeda iyo qofka soo diraya sida uu ku heli karo, iminkase aan ogahay dhibaatada lagu keeno lacag Yurub laga soo diro ama meel kaleba.

"Lacagtaas dambe ayaan ku soo raacay doontan aan kusoo rafaadnay, iyadoo badda dusheeda aan dul heehaabeyney muddo aan ku qiyaasayo bil, inkastoo aanan ogeyn inta ay ahayd oo qof kasta oo naga mid ah uu maskax beelay.

"Qaar badan oo innaga mid ah ayaa isku dardarsoomay, illeyn marba qof aan u jeedno ayaa lagu tuurayey badda markii ay nafta ka baxdo, wuxuuna qof weliba is weydiinayey 'goormaa adna lagu tuuri doona?' Sida loo maskax beelay lama qayaasi karo. Waxaan maqlayey qaarkood intey waasheen iyagoo leh 'ii jooji doonta, maqaayadaas waan gaajooday aan wax kasoo cunee,' qaar kalena waxay lahaayeen 'lacag baan rabaa in aan sarrifto ee ii jooji doonta,' waxaase iigu darnaa wiil yiri 'Jaad baan soo iibsanayaa, waan qaadireysnahay' oo kaddibna isku tuuray badda.

"Dhammaanteen maxkaxdeennu ma aysan joogin, waxaa isugu keen darsoomay gaajo, naxdin, qabow iyo hadba in uu qof naga dhinto oo aan badda ku tuurno. Waan wada dardaarannay, yaase dardaarankiinna gudbin doona isma aynaan weydiin. Waxaa aniga iigu xanuun badnaa saaxiibadey oo dhan oo wada geeriyoodey. Wiil aan qaraabo nahay oo lagu magacaabi jirey Cabdullaahi Xassan Xandho ayaa korkeyga ku naf-baxay, anigoo arkaya ayaa badda lagu tuuray.

"Walaashey oo aan Liibiya uga imid, Ilaah mahaddii ma aysan soo marin meeshaas, waxaa laga qabtay Badda, iyagoo doon u xaraysan. Ciidanka Liibiya, qofkii ay ka qabtaan badda oo tahriib lagu qabto, waxaa loo celiyaa Soomaaliya markii muddo xabsi lagu hayo. Walaashey waxay gashay dadkii loo celshay Soomaaliya oo aysan ka jirin nolol dhaanta.

"Markii aan muddo dul sabbaynaynay badda, waxaan soo gaarnay Talyaaniga, annagoo wadna naf qarka u saaran geeri, waxaana doontaas masiibadu ku dhacday kasoo bedbaadey 15 qof oo aan anigu ku jirey. Waxaan imid Talyaaniga, waana nala sii daayey markii aan muddo joogney. Markaan nimid gudaha Talyaaniga, waxaan kula kulannay daryeel la'aan iyo in nala yiraahdo 'ordaha taga halkii aad kasoo degteen, naga taga oo aada garoonkii aad kasoo degteen iwm'.

"Markii aan xamili weyney noloshii adkayd ee Talyaaniga, intccnnii kasoo gashay Liibiya ee loo bixiyey magaca *Titanic,* waxaan isku daynay in aan u tallawno dhulal kale oo Yurubta kale ah. Dad badan waxay kala galeen dalal kala duwan; qaar waxay galeen Ingiriiska oo ay maanta sharci la'aan ku yihiin, qaar kalena waxay gaareen dalalka *Scandenevian.* Laakiin, badankood dib ayaa loo soo celiyey, gaar ahaan intii timid wixii ka dambeeyey 2003_{da}, kaddib markii farahooda la soo helay, waxayna maanta ku darxumaysan yihiin Talyaaniga. Qaarkood ayaa ku dhex nool dhismaha safaaradda Soomaalida ee Rooma, halkaasoo aan lahayn nal iyo biyo, waxaa ku haysta rafaad badan, cuntadana waa loo soo qaaraamaa.

Dhallinyarada ku dhibaateysan safaaradda Soomaalida ee Rooma. Ma is lahayd weligaa Yurub ayaa laga helaa meel koronto iyo biyo la'aan ah? Digsigaas madow in uu Yurub yaallo ma fileysey?

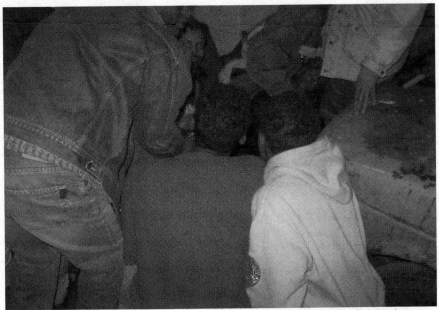

Halka ay ku nool yihiin walaalahaa soo tahriibey ee maanta jooga dalka Talyaaniga.

"Aniga waxaan ahaa dadkii Holland u cararay oo laga soo qabtay tareenka dhexdiisa, waxaana markiiba la igu soo celiyey Talyaaniga, waxaanan ku noolahay meel iskool ahaan jirtey oo la jebiyey, haddaad aragtana aad yaabi lahayd; waa meel iskeed u dumi rabta oo haddii uu gaari soo ag maro aad ka baqayso in ay kugu soo dunto. Weligey isma lahayn meel noocaas ah ayaa ku taal Yurub, waxaana intaas dheeraa; waxaan cuntada ka doonannaa, kana soo cuntaynaa kaniisad. Annagoo ka badan 200 ruux, waxaan dhammaanteen wada seexannaa hoygaas dumi raba, waxaanan isku sasabnaa "Saad rabtey haddaad weydo, saad ka badin weydo ayaa la yeelaa."

"Waxaan moodey, mise waxay noqotay; waxaan u haystey in ay Yurub tahay Janno-adduun, Soomaaliyase meel dhaanta adduunka ma jirto, waa hoygii aad ku dhalatay oo aanad marna ka weyneyn waxaad cunto iyo meel aad ku hoyato, waxaa maskaxdeenna ka guuxi jirtey Yurub...Yurub, Haatanse waxaan ogaaney xaqiiqda. Waxaan u sheegayaa walaalahayga kale ee dalka ku nool in aysan kusoo sirmin meeshan, waxaa nagu haysta gaajo, daryeel la'aan, raashin la'aan, waxbarasho la'aan, jiif-xumo. Bal adiga garo dad Yurub jooga oo kaniisad cunto ka cuna oo haddii ay kaniisadda u diiddo ayan jirin meel kale o ay wax ka cunaan. Buulkii aan ku noolay waxaaba hadda nalaku wargaliyey in la xirayo oo nalaka saarayo, sow wareer maaha? Inaan soo baxo oo aan dalkayga kasoo tago waxay ahayd fikrad qaldan, waxaan soo marnay ee ahayd in aan kaadi kala iibsanno ma ahayn wax caadi ah, saxarihii inta biyo la'aan, raashin la'aan, iyo caafimaad xumo nagu qabatay aan gaarnay inaan kaadida kala siisanno 600 doolar, markii ay nafta timaadana waxaa imaanaysa in aan la kala jeclaan lacag iyo maal. Walaalahayga Soomaaliyeedoow ee raba in ay hadda soo tahriibaan waxaan idinku waaninayaa in aad maqashaan qaylo dhaanteenna oo aadan soo sirmina, nolol idiin dhaanta dalkiina idinkama soo horreysee" ayuu iigu qatimay waraysigii Madoobe aan kula yeeshey qadka talefonka, iyadoo ay hadalkiisa ka muuqatey calool xumo, isagoo maanta jeclaa inuu dalkiisa hooyo u noqdo, wuxuuna ii raaciyay intaa "u qor walaalahay buugga haddii ayba war maqlayaan oo ay ku camal falayaan, nin uu buufis heley oo dalkiisa nacay kolley hakan maayee illaa uu runta Yurub taal ogaadee.

Markii uu dhammeeyey waraysigii ayaan u duceeyey walaalkay, niyadana ugu dhisay mar haddii uu Ilaahay ka soo badbaadshey baddii geerida ee ay ku ruux baxeen asaxaabtiisa iyo qaraabadiisa inuu Ilaahay talada saarto oo uu tanna ka badbaadin doono, aad baan uga xumahay dhibka haysta walaalkay, waxaase iga go'i waayey kalmad uu ku noq-noqday oo ahayd "dadka waxay keliya fiirinayaan imisa ayuu ku tagey Yurub?...2,000 dollar...bil gudaheed ayuu ku gaarey...waa ok, balse aysan is weydiineyn marnaba sidee buu ku gaarey, iyagoo soo maraya rafaadkaas, marnabana aan ka fikirayn rafaadka lagu daray rafaadka ee lasoo marayo". *Naftu biimo weeyee, biyahani ma calow baa, dhulku bahal ma leeyahay, Allahayoow banaankaba, bohol kama malaysanine, i bixiyoo i bixi, iga bixi Allahayow, Yurub bad weeyee.*

Caws baan cuneyney maalmo badan

Waxaan la sheekeystay wiil dhallinyaro ah oo iiga warramayey socdaal dheer oo uu soo maray. Markuu aabihii usoo iibiyey gurigii ay ku noolaayeen ayuu u soo duulay waddanka Suuriya oo uu in yar ku sugnaa illaa uu halkaas kasoo billaabay socdaal tahriib ah oo ku wajahnaa dalka Turkiga, kaddibna askartii Suuriya intey qabteen bay garaaceen, wixii ay xoolo wateen ka xoogeen, jid cidla' ahna uga dhaqaaqeen.

Wiilkaa waxaa socodka ku wehliyey dhallinyaro kale oo ay u wada socdeen Turkiga. Markii ay in badan socdeen, intey jidkii ka lumeen bay duurka ku dhaceen. Cunto iyo biyo la'aan markii ay noqdeen, waxay dantu ku qasabtay in ay maalmo dhan cunaan caws, raashin kalena aysan il saarin. Ugu dambayn, markii ay rafaadeen bay socod kusoo galeen dalka Turkiga oo ay rabeen in ay uga sii gudbaan Giriigga (Greece) oo lagu tago doon si sharci darro ah looga raaco Turkiga, safarkaasoo inta badan ay ku naf-waayaan dad badan, iyadoo weli la wada xusuusan yahay doon ay ku dhammaadeen dad badan oo u badnaa gabdho Soomaaliyeed.

Sidoo kale, dadku waxay ka lugeeyaan Turkiga, iyagoo is leh 'aad lug ku gaartaan Giriigga' oo ay u dhaxayso xudduud ballaaran. Dadka lugtaas ka samatabaxa oo gaara halkaas waa dad tiro yar, inta badanna waxay ku dhammaadaan barafka iyo rafaadka yaalla xudduudka labadaas dal.

Wiilkaan ayaan weydiiyey su'aal ahayd: "wixii ugu xanuun badnaa intuu jidka kusoo jirey", wuxuuna igu yiri "waxaa iigu xanuun badnaa, laba arrimood oo midi tahay; markii aan ka soo tallaabayey xadka Suuriya in ay na arkeen askar xuduudda ilaalineysey, markaasna ay xabbado nagu soo daadsheen ilaa aan orod maciin biday, waxaa horteyda kusii ordayey ninkii mukhalaska noo ahaa ee jidka inuu na tuso aan lacag ku soo siinnay, kaasoo isna iga sii ordayey aniga, isagoo i moodayey in aan ahay askartii oo isaga raacdaynaysa, laakiin muddo dheer kaddib aan anoo naf ah ku iri 'Anaa Soomaal' oo ah 'waxaan ahay Soomaali,' markaasoo uu ii istaagey, si wada jir ahna isugu soo raacnay jidkii dheeraa ee soo galayey Turkiga. Midda labaad waxay ahayd in habeen habeennada ka mid ah Turkiga dhexdiisa lagu xoogey gabdho Soomaaliyeed oo ka mid ahaa dadkii aannu wada joognay halka meel, iyadoo horteyda lagu kufsaday anoo arkaya."

IS-DHIIB

BUUGGA KOOWAAD

....DHAMMAAD...

Made in the USA
San Bernardino, CA
27 June 2016